BIBLIOTHÈQUE NATIONALE

# EXPOSITION

## DES

# PEINTRES GRAVEURS

## ALLEMANDS

## CONTEMPORAINS

1929

10 JUIN — 8 JUILLET

RENOV'LIVRES 2010

# EXPOSITION

### DES

## PEINTRES GRAVEURS ALLEMANDS

### CONTEMPORAINS

# BIBLIOTHÈQUE NATIONALE

# EXPOSITION

### DES

# PEINTRES GRAVEURS

## ALLEMANDS

## CONTEMPORAINS

10 JUIN — 8 JUILLET 1929

## PARIS

# LES ÉDITIONS G. VAN OEST

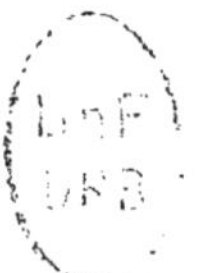

# COMITÉ D'HONNEUR

M. Marraud, Ministre de l'Instruction publique et des Beaux-Arts.

M. André François-Poncet, Sous-Secrétaire d'État à l'Enseignement Technique et aux Beaux-Arts.

Son Excellence Mr. de Margerie, Ambassadeur de France à Berlin,

M. Paul Léon, Directeur Général des Beaux-Arts, Membre de l'Institut.

M. Raymond Koechlin, président du Conseil des Musées Nationaux.

M. Émile Humblot, Sénateur, Président du Groupe de l'Art au Sénat, Président de l'Association Française d'Expansion et d'Échanges Artistiques.

M. Roland Marcel, Administrateur Général de la Bibliothèque Nationale.

M. Pila, Ministre plénipotentiaire, chef du service des Œuvres françaises à l'Étranger.

M. Henri Verne, Directeur des Musées Nationaux.

M. J. Guiffrey, Conservateur du Département des Peintures, des Dessins et de la Chalcographie au Musée du Louvre.

M. P. A. Lemoisne, Conservateur du Cabinet des Estampes de la Bibliothèque Nationale.

M. Robert Brussel, Directeur de l'Association française d'Expansion artistique.

---

Secrétaire de la Commission d'organisation :

M. H. Marguery, Bibliothécaire au Cabinet des Estampes.

# COMITÉ D'HONNEUR

Prof. Dr. C. H. Becker, Preuss. Minister für Wissenschaft, Kunst und Volksbildung.

Leopold von Hoesch, Deutscher Botschafter in Paris.

Gesandter Hans Freytag, Berlin, Auswärtiges Amt.

Prof. Dr. Max Liebermann, Präsident der Akademie der Künste zu Berlin.

Reichskunstwart Dr. Edwin Redslob.

Prof. Dr. Wilhelm Waetzoldt, Generaldirektor der Staatlichen Museen.

Dr. Max J. Friedlaender, Direktor des Kaiser Friedrich-Museums.

Prof. Dr. Ludwig Justi, Direktor der Nationalgalerie.

# COMITÉ D'ORGANISATION

Prof. Dr. Curt Glaser, Direktor der staatlichen Kunstbibliothek.

Prof. Hans Purrmann.

Prof. Edwin Scharff.

## SECRÉTAIRE

L. W. Gutbier.

# INTRODUCTION

Les procédés graphiques originaux ne rencontrèrent au dix-neuvième siècle que de rares partisans parmi les peintres allemands. Seul Menzel s'est servi de toutes les techniques graphiques. Leibl a produit un nombre restreint d'excellentes eaux-fortes. Klinger, tout au contraire, accueillit la gravure à l'eau-forte comme un instrument d'illustration littéraire. Mais, tandis que la plupart des peintres allemands du dix-neuvième siècle connaissaient à peine la technique de la gravure à l'eau-forte et de la lithographie, depuis la fin du même siècle, on voit se généraliser l'emploi de ces deux procédés, et il n'y eut alors plus guère de peintres qui ne les employassent au moins occasionnellement. Il est donc fort possible, dans une exposition d'art graphique moderne, de donner des diverses manifestations de l'art allemand d'aujourd'hui un aperçu presque complet.

Bien qu'il s'agisse ici essentiellement de l'art contemporain, on ne peut cependant se dispenser de comprendre aussi, dans cet exposé, quelques maîtres décédés pendant cette dernière décade, tels que Hans Thoma dont le trait clair et simple donne un caractère tout spécial à ses lithographies aussi bien qu'à ses eaux-fortes, ou encore le comte Kalckreuth qui travailla pendant quelque temps avec Thoma, à Carlsruhe, et s'affirma surtout comme peintre de la vie des paysans.

Toutefois, au centre de l'exposition, il convient de placer le Nestor de l'art allemand, le Maître octogé-

naire Max Liebermann, qui donna à la peinture
comme aux techniques graphiques en Allemagne
cette impulsion décisive qui devait les conduire à une
élévation et une généralisation nouvelles. Liebermann
a souvent reproduit en gravure les mêmes sujets
qu'il affectionne dans ses peintures. Pendant la dernière décade du dix-neuvième siècle, il a gravé des
scènes estompées de la vie des paysans hollandais. A
mesure qu'il éclaircissait les couleurs de sa palette,
son blanc et noir devenait plus lumineux. A un
âge assez avancé, il a gravé des portraits qui sont
des chefs-d'œuvre aussi bien que des campagnes
ensoleillées et des scènes de la vie mouvementée,
telle sa célèbre estampe des Joueurs de Polo.

Lovis Corinth s'était rangé du côté de Liebermann à l'époque de la lutte pour l'Art Nouveau et,
pendant les dernières années de sa vie, il atteignit,
dans la conception artistique, à une liberté telle,
qu'elle fait de ses gravures l'une des manifestations
les plus hardies du style impressionniste. Parmi
les maîtres de la peinture nouvelle, il faut donner
une autre place à Max Slevogt qui, de tous, mérite le
mieux l'appellation de « graphiste » au sens propre
du mot. Il s'est distingué dans l'illustration de
nombreux livres. Sa fantaisie toujours en éveil a
créé des centaines d'images qui, tracées sur la pierre
ou gravées sur le cuivre, accompagnent les contes
merveilleux de l'Orient et de la Germanie, de même
que les histoires d'Indiens de Cooper et les poèmes
de Gœthe.

Hans Meid a commencé par se faire un nom dans
une série d'eaux-fortes sur « Don Giovanni », opéra de
Mozart, et s'est permis plus tard de donner libre
essor à sa pittoresque fantaisie dans beaucoup de
gravures. Emil Orlik s'est affirmé avant tout comme

graveur-portraitiste de nombreux contemporains célèbres. Paul Paeschke a dépeint avec un talent pittoresque la vie mouvementée des rues de Berlin. C'est d'un art tout à fait personnel que fait preuve Käthe Kollwitz, qui, partant de la souffrance du pauvre, se laisse entraîner à stigmatiser d'une manière impressionnante l'injustice de la société contemporaine. Rudolf Grossmann, dessinateur d'une très grande sensibilité, à la fois poète satirique et remarquable portraitiste, fait aussi preuve de talent dans l'illustration. Pour Hans Purrmann, au contraire, le noir et blanc n'est qu'une autre interprétation de la réalité colorée; aussi, sa gravure est-elle plus une peinture qu'un dessin.

Parmi les sculpteurs qui aiment à pratiquer les techniques graphiques, Wilhelm Lehmbruck, mort prématurément, s'est acquis une place à part. Ses modèles s'enveloppent de légers et mélancoliques contours et semblent dévoiler une douleur contenue. Les ébauches gravées par Georg Kolbe parlent un autre accent; elles accusent dans leurs poses, souvent risquées, une vivacité de danseuses. Le célèbre sculpteur animalier August Gaul a reproduit ses compositions plastiques dans de magistrales eaux-fortes. Dans la gravure, aussi bien que dans le modelage, Renée Sintenis prouve la délicate compréhension qu'elle a des mouvements expressifs des jeunes animaux. Edwin Scharff rend avec une expression énergique, par le modelé de chevaux et de personnages bien musclés, des attitudes de forte tension. Barlach enfin a revivifié l'ancienne technique de la gravure sur bois; c'est d'ailleurs dans le bois qu'il préfère sculpter. Il dépeint la misère du mendiant dans des formes simples et expressives.

Tandis que tous ces artistes vivent à Berlin, où y

trouvent tout au moins leur centre d'activité, un Maître tel que Adolf Schinnerer, de l'école de Thoma, représente l'idéal d'un impressionisme plutôt poétique, qui régnait dans l'Allemagne du Sud. Dans les jeunes gens de ses images, Max Unold fait preuve, lui aussi, d'une sensibilité tout à fait significative. Il a plus d'un trait commun avec Richard Seewald qui, comme Unold, s'est servi occasionnellement de la gravure sur bois dans ses illustrations. Willy Geiger cultive la gravure pittoresque et recherche de préférence les sujets d'émotion violente qu'il emprunte aux combats de taureaux en Espagne, à la vie ordinaire et, récemment, aux livres. Karl Caspar, apprécié pour sa peinture, a tracé sur la pierre une série de scènes étonnamment vivantes, tirées de la vie du Christ. Le Rhénan Heinrich Nauen, influencé par le cubisme, cherchait déjà naguère à donner à ses paysages une forme plus précise.

La forte réaction contre le flou de la forme picturale s'installa à nouveau à Berlin d'abord, aux environs de 1910, dans la forme d'art qui prit le nom d'expressionisme.

L'un des premiers chefs de ce mouvement novateur fut Ernst Ludwig Kirchner qui, doué d'une sensibilité extraordinairement lyrique, s'efforça de prêter une forme tangible aux plus secrètes émotions de l'âme et aux rapports les plus indéfinissables des individus entre eux. A côté de la gravure sur cuivre et de la lithographie, apparut désormais, au premier plan, et comme procédé graphique de grande importance, la gravure sur bois exécutée par l'artiste luimême. Schmidt-Rottluff l'emploie de préférence et transpose les aspects de la nature dans d'audacieuses harmonies ornementales. Max Pechstein emprunte ses sujets favoris aux bateliers de la côte de la Baltique et aux baigneurs de la plage. Erich Heckel revient, depuis peu, de la transformation violente à un rapprochement lyrique de la nature. Otto Müller a délicatement et harmonieusement groupé des jeunes filles en fleur. Emil Nolde enfin, qui a reproduit en merveilleux blanc et noir ses impressions du port de Hambourg, donne libre carrière à son penchant pour les visions fantaisistes peuplées de personnages bizarres.

A Dresde, où les vieilles traditions sont encore aujourd'hui prodigieusement vivantes, il y a actuellement tout un groupe de jeunes graphistes en pleine activité. Parmi ceux-ci se trouvent des figures originales comme Kretzchmar et Otto Lange qui jouissent d'une réputation justifiée, spécialement en tant que graveurs-paysagistes. A ceux-ci se rattachent Böckstiegel, habile à buriner sur le cuivre en traits fortement accusés des personnages expressifs, et Felix-Müller, qui, lui non plus, ne recule pas devant l'excessive contorsion pour rendre une expression véhémente. Le Rhénan Franz M. Jansen, dont la conception simple de la nature le place sur une voie nouvelle, est apparenté aux paysagistes dresdois, tandis que son compatriote Otto Pankok donne du paysage une vision quasi extatique.

On remarque un retour à la fermeté de la forme dans les figures aux contours fortement accusés que trace sur la pierre Karl Hofer. C'est à peu près dans la même direction que s'achemine l'art de Max Beckmann, qui s'applique à concentrer l'expression par quelques rares traits clairement définis. Viennent ensuite les portraits d'un Otto Dix, scrutateur impitoyable, et surtout les dessins satiriques de George Gross qui critiquent les faiblesses et les vices de leur temps avec une acuité inexorable.

Ce mouvement, déclenché en contre-réaction d'un art faisant outrageusement violence à la nature, conduisit tout récemment à un réalisme qui, sous l'appellation de néo-réalisme, exige une peinture plus exacte de la réalité. C'est par cette voie qu'un Alexandre Kanoldt, parti de la stylisation cubique, est parvenu à un dessin de paysage qui est impressionnant de clarté. Georg Schrimpf, également, aime à s'absorber dans les particularités d'un paysage. Wilhelm Heise dessine des fleurs avec une grande exactitude. Karl Hubbuch et Wilhelm Klinkert font de la gravure d'architecture à l'instar d'Orlik qui vient de se vouer à l'étude des beautés de New-York avec un patient labeur.

Si l'on veut observer combien un morceau d'architecture de ces artistes diffère de celui d'un Feininger qui le réalise dans l'élan d'une harmonie de blanc et noir ; le contraste qu'il y a dans la manière de représenter un visage d'homme par un Liebermann, un Kirchner ou un Beckmann ; de quelle façon se manifeste la libre imagination d'un Paul Klee à côté de la fantaisie objective d'un Alfred Kubin, on se rend compte de l'infinité des formes par lesquelles se reflète aujourd'hui en Allemagne l'art des peintres créateurs. Une exposition qui se propose de montrer les créations de la graphique moderne dans toute leur étendue, se doit de n'omettre aucune de ces diverses formes d'expression ; et celui qui cherche à saisir l'esprit de notre temps, tel qu'il se manifeste dans l'art, devra s'efforcer d'aborder tous les genres de manifestations artistiques avec une compréhensive sympathie.

Curt GLASER.

# CATALOGUE

**ACHMANN, Josef.** — Munich. Né en 1885, à Ratisbonne.

    1. Jeune fille malade. *Eau-forte.*
    2. Intérieur. *Eau-forte.*
    3. Paravent avec miroir. *Eau-forte.*

**BARLACH, Ernst.** — Güstrow. Né en 1870, à Wedel (Holstein).

    4. L'amour dans la douleur. *Lithographie.*
    5. Jeunes filles chantant. *Lithographie.*
    6. Profanateurs de croix et de cercueils. *Gravure sur bois.*
    7. La nuit de Walpurgis, de Gœthe. *Livre illustré de gravures sur bois.*
    8. L'enfant trouvé, de Barlach. *Livre illustré de gravures sur bois.*

**BAUKNECHT, Philipp.** — Davos. Né en 1884 à Barcelona.

    9. La vie dans les Alpes. *Gravure sur bois.*
    10. Le bouc. *Gravure sur bois.*

**BECKMANN, Max.** — Francfort-sur-le-Main. Né en 1884, à Leipzig.

    11. Le pont. *Eau-forte.*
    12. Plage. *Eau-forte.*
    13. Femme couchée. *Eau-forte.*
    14. Femme vue dans un miroir. *Eau-forte.*
    15. Voici de l'esprit. *Eau-forte.*
    16. Portrait de Reinhard Piper. *Lithographie.*
    17. Une ville la nuit, de Braunbehrens. *Livre illustré de lithographies.*

**BÖCKSTIEGEL, Peter-August.** — Dresde. Né en 1889, à Aroode (Westphalie).

18. En Russie. *Eau-forte.*
19. Village westphalien. *Eau-forte.*
20. Ferme dans Werther. *Eau-forte.*
21. Mon père. *Eau-forte.*

**CAMPENDONK, Heinrich.** — Dusseldorf. Né en 1889, à Crefeld.

22. Conte. *Gravure sur bois.*

**CASPAR, Karl.** — Munich. Né en 1879, à Friedrichshafen.

23. Résurrection. *Lithographie.*
24. Flagellation du Christ. *Lithographie.*
25. L'homme criant. *Lithographie.*

**CORINTH, Lovis.** — 1858-1925. Né à Tapiau (Prusse orientale), vécut à Berlin.

26. Arbre de Noël. *Eau-forte.*
27. Florian Geyer. *Eau-forte.*
28. Christ mort. *Eau-forte.*
29. Vue du Walchensee. *Eau-forte.*
30. Hommes nus. *Eau-forte.*
31. Village d'Urfeld. *Eau-forte.*
32. Walchensee. *Eau-forte.*
33. Walchensee. *Lithographie.*
34. Œuvres complètes (Collection des écrits), de Corinth. *Livre illustré d'eaux-fortes et de lithographies.*
35. L'invalide dément, d'Arnim. *Livre illustré de lithographies.*
36. Maître Renard, de Gœthe. *Livre illustré de lithographies en couleurs.*
37. Goetz de Berlichingen, de Gœthe. *Livre illustré d'eaux-fortes.*
38. M$^{me}$ la Connétable, de Balzac. *Livre illustré de lithographies*

**CRODEL, Charles. — Halle. Né en 1894, à Marseille.**

    39. Petite fille. *Lithographie.*
    40. Dindon. *Lithographie.*
    41. Olympia. *Lihographie.*

**DIX, OTTO. — Dresde. Né en 1891, à Géra.**

    42. Artistes. *Eau-forte.*
    43. Portrait de l'artiste. *Eau-forte.*
    44. Portrait de femme. *Lithographie.*
    45. Portrait d'homme. *Eau-forte.*

**EBERZ, Josef. — Munich. Né en 1880, à Limbourg-sur-la-Lahn.**

    46. Cimetière Saint-Pierre à Salzbourg. *Eau-forte.*
    47. La Vallée. *Eau-forte.*
    48. Chapelle du Cloître. *Eau-forte.*

**EDZARD, DIETZ. — Paris. Né en 1893, à Brème.**

    49. Couple couché. *Eau-forte.*
    50. Deux têtes. *Eau-forte.*
    51. Cierges allumés. *Eau-forte.*

**FEININGER, Lyonel. — Dessau. Né en 1871, à New-York.**

    52. Lunebourg. *Gravure sur bois.*
    53. Bateaux à voile. *Gravure sur bois.*
    54. Route. *Gravure sur bois.*

**FELIXMÜLLER, Conrad. — Dresde. Né en 1897, à Dresde.**

    55. Artistes. *Eau-forte.*
    56. Enfant à la fenêtre. *Eau-forte.*
    57. Portrait de l'artiste. *Gravure en taille-douce.*
    58. Enfant qui peint. *Gravure en taille-douce.*

**FIORI, Ernesto de. — Berlin. Né en 1884, à Rome.**

    59. Femme accroupie. *Lithographie.*

**GAUL, AUGUST.** — 1869-1921. Né à Hanau, vécut à Berlin.

    60. Troupeau de chèvres. *Eau-forte.*
    61. Chèvres en marche. *Eau-forte.*

**GEIGER, WILLI.** — Leipzig. Né en 1878, à Landshut.

    62. La Caïda. *Eau-forte.*
    63. Suerte de capa. *Eau-forte.*
    64. Les Fiançailles à Saint-Domingue, de Kleist. *Livre illustré d'eaux-fortes.*
    65. Une passion dans le désert, de Balzac. *Livre illustré d'eaux-fortes.*
    66. Carmen, de Mérimée. *Livre illustré d'eaux-fortes.*
    67. Illustrations pour Michaël Kohlhaas de Kleist. *Eaux-fortes.*

**GROSS, GEORGE.** — Berlin. Né en 1893, à Berlin.

    68. Orchestre de tziganes. *Lithographie.*
    69. Mendiant. *Lithographie.*
    70. Mendiant. *Lithographie.*
    71. Portrait de l'artiste. *Lithographie.*
    72. Lady Hamilton, de A. R. Meyer. *Livre illustré de lithographies.*

**GROSSMANN, RUDOLF.** — Berlin. Né en 1882, à Fribourg-en-Brisgau.

    73. Après le bain. *Eau-forte.*
    74. Wilhelm Uhde. *Eau-forte.*
    75. Les profiteurs. *Eau-forte.*
    76. Benedetto Croce. *Lithographie.*
    77. Le médecin. *Lithographie.*
    78. Portrait de jeune fille. *Eau-forte.*
    79. Étable à vaches. *Lithographie.*
    80. Le manège de la vie, de Grossmann. *Livre illustré de lithographies.*
    81. Trois contes d'Andersen. *Livre illustré de lithographies.*

GUNZINGER, Éduard. — Berlin. Né en 1897 à Bâle.

    81 *a*. Dans la rue, *Eau-forte.*
    81 *b*. Bal masqué. *Eau-forte.*
    81 *c*. Le pavé. *Eau forte.*

HECKEL, Erich. — Berlin. Né en 1883, à Doebeln.

    82. Paysage de montagne. *Eau-forte.*
    83. Lac d'un parc. *Eau-forte.*
    84. Deux jeunes garçons. *Lithographie.*
    85. Paysage de l'île d'Alsen. *Gravure sur bois.*
    86. L'homme. *Gravure sur bois.*
    87. Femme nue *Gravure sur bois.*

HEISE, Wilhelm. — Münich. Né en 1892, à Wiesbaden.

    88. Dahlias doubles. *Lithographie.*
    89. Turban farouche. *Lithographie.*
    90. Angélique. *Lithographie.*

HETTNER, Otto. — Dresde. Né en 1875.

    91. Daphnis et Chloé, de Longus. *Livre illustré de lithographies.*

HOFER, Karl. — Berlin. Né en 1878, à Carlsruhe.

    92. Jeune fille assise. *Eau-forte.*
    93. Femmes dansant. *Lithographie.*
    94. Poème d'amour. *Lithographie.*
    95. Jeune fille dans son lit. *Lithographie.*
    96. Paysage. *Lithographie.*

HOLTZ, Carl. — Weimar. Né en 1899, à Berlin.

    97. Port napolitain. *Lithographie.*
    98. Vallée de Souabe. *Lithographie.*

HUBBUCH, Carl. — Carlsruhe. Né en 1891, à Carlsruhe.

    99. Le pont de Jannowitz à Berlin. *Eau-forte.*

3

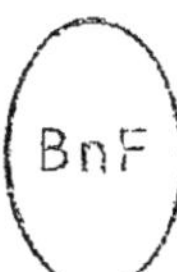

100. Martha. *Eau-forte.*

**JAECKEL, WILLY.** — Berlin. Né en 1888, à Breslau.

101. Portrait de l'artiste. *Eau-forte.*

**JANSEN, FRANZ M.** — Cologne. Né en 1885, à Cologne.

102. Spalato. *Eau-forte.*
103. Francfort-sur-le-Main. *Eau-forte.*
104. Besigheim-sur-le-Neckar. *Eau-forte.*
105. Route longeant le lac de Garde. *Eau-forte.*

**KALCKREUTH, LEOPOLD, COMTE DE.** — 1855-1928. Né à Dusseldorf, vécut à Hambourg.

106. Dachau sous la neige. *Eau-forte.*
107. Le village d'Hoeckricht. *Eau-forte.*
108. Le moissonneur. *Eau-forte.*
109. Glaneuses. *Eau-forte.*

**KANOLDT, ALEXANDER.** — Breslau. Né en 1881, à Carlsruhe.

110. Église à Klausen. *Lithographie.*
111. Hiddensee. *Lithographie.*
112. Hiver. *Lithographie.*
113. Le Village. *Lithographie.*

**KAUS MAX.** — Berlin. Né en 1891, à Berlin.

114. Usines Klingenberg. *Eau-forte.*
115. Usines Klingenberg. *Eau-forte.*

**KIRCHNER, ERNST-LUDWIG.** — Davos. Né en 1880, à Aschaffenbourg.

116. Baigneurs dans le torrent. *Eau-forte.*
117. L'Atelier du peintre. *Eau-forte.*
118. Paysan et jeune fille. *Eau-forte.*
119. Les veuves. *Eau-forte.*
120. Vaches au pâturage. *Eau-forte.*
121. Deux jeunes filles. *Eau-forte.*

122. Tête de femme. *Gravure sur bois.*
123. Jeune fille rêvant. *Lithographie.*
124. Catalogue de l'œuvre gravé de Kirchner jusqu'en 1916, de G. Schiefler.

**KLEE, Paul. — Dessau. Né en 1897, à Berlin.**

125. Microcosme. *Lithographie.*
126. Enfants de la rue. *Lithographie.*
127. La fenêtre. *Lithographie.*
128. Personnage grotesque sur des échasses. *Lithographie.*
129. 1921 à 1930. *Lithographie.*
130. Châteaux en Espagne. *Eau-forte.*

**KLEINSCHMIDT, PAUL. — Berlin. Né en 1883, à Bublitz.**

131. Écuyère de cirque. *Eau-forte.*
132. Francfort-sur-le-Main. *Eau-forte.*
133. Cathédrale d'Ulm. *Eau-forte.*
134. Femme lisant. *Eau-forte.*

**KLINKERT, WALTER. — Berlin. Né en 1901, à Berlin.**

135. Pont provisoire à Berlin. *Eau-forte.*
136. La Haute-Sprée. *Eau-forte.*

**KOKOSCHKA, OSKAR. — Berlin. Né en 1886, à Poechlarn.**

137. Walter Hasenclever. *Lithographie.*
138. La Mère de l'artiste. *Lithographie.*
139. Ruth. *Lithographie.*
140. La Passion du Christ. *Série de lithographies.*
141. Colomb enchaîné. *Série de lithographies.*
142. Cantate de Bach. *Série de lithographies.*

**KOLBE, GEORG. — Berlin. Né en 1877, à Waldheim.**

143. Étude de nu. *Eau-forte.*

144. Étude de nu. *Eau-forte.*

**KOLLWITZ, Kaethe.** — Berlin. Né en 1867, à Koenigsberg.

145. Carmagnole. *Eau-forte.*
146. Émeute. *Eau-forte.*
147. Mère se lamentant. *Lithographie.*
148. Paysanne en train d'affuter. *Eau-forte.*
149. Tête de femme. *Eau-forte.*

**KRETZSCHMAR, Bernhard.** — Dresde. Né en 1889, à Doebeln.

150. Jeune fille et enfants. *Eau-forte.*
151. Lac d'un parc. *Eau-forte.*
152. Gare de Strehlen. *Eau-forte.*

**KUBIN, Alfred.** — Wernstein. Né en 1877, à Leitmeritz.

153. La Mort dans l'arbre. *Lithographie.*
154. Friperie. *Lithographie.*
155. Épave. *Lithographie.*
156. Impair, de Lautensack. *Livre illustré de lithographies.*
157. De différentes plaines, de Kubin. *Livre illustré de lithographies.*

**LANGE, Otto.** — Dresde. Né en 1879, à Dresde.

158. Filles de joie. *Eau-forte.*
159. Paysage saxon. *Eau-forte.*
160. Banlieue. *Eau-forte.*
161. Bateaux sur un lac. *Eau-forte.*

**LAVES, Werner.** — Berlin. Né en 1903, à Berlin.

162. Cabaret. *Eau-forte.*
163. Conversation entre amis. *Eau-forte.*

**LEHMBRUCK, Wilhelm. — 1881-1919. Né à Duisbourg. Vécut à Berlin.**

164. Paolo et Francesca. *Eau-forte.*
165. Rapine de femme. *Eau-forte.*
166. Femme agenouillée. *Eau-forte.*

**LIEBERMANN, Max. — Berlin. Né en 1847, à Berlin.**

167 Portrait de l'artiste. *Eau-forte.*
168. Le professeur Cohen. *Eau-forte.*
169. Femme et vache. *Eau-forte.*
170. Les Joueurs de Polo. *Eau-forte.*
170 a. Baigneurs sous les arbres. *Eau-forte.*
171. La Rue des Juifs à Amsterdam. *Eau-forte.*
172. Monte Pincio à Rome. *Eau-forte.*
173. Chasseurs et chiens. *Eau-forte.*
174. « Petits écrits », de Kleist. *Livre illustré de lithographies.*
175. La Nouvelle, de Gœthe. *Livre illustré de dessins, gravés sur bois par Oskar Baugemann.*
176. « L'Homme de 50 ans », de Gœthe. *Livre illustré de dessins, gravés sur bois par Oskar Bangemann et Martin Hœnemann.*

**MARCKS, Gerhard. Halle-s.-la-Saale. Né en 1889, à Berlin.**

177. Danse dans les Alpes. *Gravure sur bois.*
178. Tambourineurs. *Gravure sur bois.*
179. Jacob et Esaü. *Gravure sur bois.*
180. Famille. *Gravure sur bois.*

**MEID, Hans. — Berlin. Né en 1883, à Pforzheim.**

181. Enlèvement romantique. *Eau-forte.*
182. Jardin d'amoureux. *Eau-forte.*
183. Promenade le long du mur. *Eau-forte.*
184. Illustrations de l'opéra de Mozart « Don Giovanni ». *Eaux-fortes.*

185. Les Aventures de l'Abbé Lebœuf de Kusmin. *Livre illustré de gravures à l'eau-forte.*

186. « Jeanne de Castille », de Wassermann. *Livre illustré de lithographies.*

**MESECK, Félix.** — Weimar. Né en 1883, à Berlin.

187. Paysage. *Eau-forte.*
188. Paysage. *Eau-forte.*
189. A la montagne. *Eau-forte.*
190. Aux champs. *Eau-forte.*

**MICHEL, Karl.** — Berlin, Né en 1885.

191. Femmes nues. *Gravure sur bois.*
192. Nature morte. *Gravure sur bois.*

**MÜLLER, Otto.** — Breslau. Né en 1874, à Liebau.

193. Femmes nues sous les arbres. *Lithographie.*
194. Jeunes filles nues. *Lithographie.*
195. Jeunes filles. *Lithographie.*
196. Deux jeunes filles. *Lithographie.*

**NAUEN Heinrich.** — Dusseldorf. Né en 1880, à Créfeld.

197. Au bord de l'eau. *Eau-forte.*
198. Paysage. *Eau-forte.*

**NESCH, Rolf.** — Stuttgart. Né en 1893, à Esslingen.

199. Soirée dansante. *Eau-forte.*

**NOLDE, Emil.** — Berlin. Né en 1867, à Tondern.

200. Homme et jeune femme. *Eau-forte.*
201. Le Comte. *Eau-forte.*
202. Jörn. *Eau-forte.*
203. Port de Hambourg. *Eau-forte.*
204. Italien. *Gravure sur bois.*
205. Prophète. *Gravure sur bois.*
206. Catalogue de l'œuvre gravé de Nolde de 1910-1925, de G. Schiefler.

**OESTERLE, Wilhelm.** — Berlin. Né en 1876, à Wagenstadt.

207. Femmes affligées. *Eau-forte.*

**OPPENHEIMER, Max.** Berlin. Né en 1885, à Vienne.

208. Le Grand, de Heine. *Série de gravures à l'eau-forte.*
209. Saint-Julien l'Hospitalier, de Flaubert. *Série de gravures à l'eau-forte.*

**ORLIK, Emil.** — Berlin. Né en 1870, à Prague.

210. 762 fenêtres (New-York). *Eau-forte.*
211. Ferdinand Hodler. *Eau-forte.*
212. Albert Einstein. *Eau-forte.*
213. Ernst Haeckel. *Eau-forte.*
214. Gustav Mahler. *Eau-forte.*
215. Tilla Durieux. *Eau-forte.*

**PÄSCHKE, Paul.** — Berlin. Né en 1875.

216. Wannsee, près de Berlin. *Eau-forte.*
217. Place de Potsdam à Berlin. *Eau-forte.*
218. Brighton. *Eau-forte.*
219. Hambourg. *Eau-forte.*

**PANKOK, Otto.** — Düsseldorf. Né en 1893, à Mühlheim-sur-la-Ruhr.

220 Bateaux de pêcheurs. *Eau-forte.*
221. Vent soufflant sur le canal. *Eau-forte.*

**PECHSTEIN, Max.** — Berlin. Né en 1881, à Zwickau.

222. Après le bain. *Eau-forte.*
223. Baigneuses. *Eau-forte.*
224. Sur le rivage. *Eau-forte.*
225. Canot de pêcheur. *Eau-forte.*
226. Deux têtes. *Gravure sur bois.*
227. Jeune femme. *Lithographie.*

**PURRMANN, Hans.** — Berlin. Né en 1880, à Spire.

228. Portrait d'homme. *Eau-forte.*

229. Baigneuses. *Eau-forte.*
23o. Au jardin. *Eau-forte.*
231. La toilette. *Eau-forte.*
232. Femme se peignant. *Eau-forte.*

**RÖSSNER, GEORG W. — Berlin. Né en 1885, à Leipzig.**

233. Entr'acte aux Variétés. *Eau-forte.*

**ROHLFS, CHRISTIAN. — Hagen. Né en 1849, à Niendorf.**

234. Trois hommes. *Gravure sur bois.*
235 Trois femmes. *Gravure sur bois.*

**SCHARFF, EDWIN. — Berlin. Né en 1887, à Ulm.**

236. Embrassement. *Lithographie.*
237. Femme couchée. *Eau-forte.*
238. Embrassement. *Eau-forte.*
23g. Chevaux de cirque. *Eau-forte.*
240. Rameur. *Eau-forte.*

**SCHINNERER, ADOLF. — Munich. Né en 1876, à Schwarzenbach.**

241. Morgenstand, près de Haarlem. *Eau-forte.*
242. Jardins de banlieue. *Eau-forte.*
243. Sorcières. *Eau-forte.*
244. Paysage avec saules. *Eau-forte.*
245. Présentation. *Eau-forte.*

**SCHMIDT-ROTTLUFF, KARL. — Berlin. Né en 1881, à Rottluff, près Chemnitz.**

246. Deux chats. *Gravure sur bois.*
247. Jeune fille de Kowno. *Gravure sur bois.*
248. Christ apaisant la tempête. *Gravure sur bois.*
249. Tête de femme. *Eau-forte.*
25o. Lac de montagne. *Eau-forte.*
251. Deux pêcheurs. *Eau-forte.*

252. Catalogue de l'œuvre gravé de Schmidt-Rottluff jusqu'en 1923 de R. Schapire.

SCHÖNLEBER, HANS-OTTO. — Feldafing, près Munich. Né en 1889, à Carlsruhe.

253. Paysage sicilien. *Gravure en taille-douce.*
254. Castrogiovanni. *Gravure en taille-douce.*
255. Vallée du Danube, près de Werenwaag. *Gravure sur bois.*

SCHOFF, OTTO. — Berlin. Né en 1888.

256. Les bains au bord du Wannsee, près de Berlin. *Série de lithographies.*

SCHRIMPF, GEORG. — Munich. Né en 1889, à Munich.

257. Staffelsee. *Lithographie.*
258. Toilette. *Lithographie.*
259. Jeune fille nue. *Lithographie.*

SEEWALD, RICHARD. — Cologne. Né en 1889, à Arnswalde.

260. Troupeau de chèvres. *Eau-forte.*
261. Bateaux. *Eau-forte.*
262. Temps pluvieux. *Eau-forte.*
263. Baigneurs. *Eau-forte.*
264. Pêcheurs de l'Arno. *Lithographie.*
265. « Les Bucoliques », de Virgile. *Livre illustré de gravures sur bois.*
266. « Animaux et paysages », de Seewald. *Livre illustré de lithographies.*

SINTENIS, RENÉE. — Berlin. Né en 1888, à Glatz.

267. Portrait de l'artiste. *Eau-forte.*
268. Animaux. *6 eaux-fortes.*
269. Animaux. *4 eaux-fortes.*
270. Sapho. *Livre illustré d'eaux-fortes.*
271. Le « Vaisseau du tigre », de Siemsen. *Livre illustré d'eaux-fortes.*

## SLEVOGT, Max. — Berlin. Né en 1868, à Landshut.

272. Portrait de l'artiste. *Eau-forte.*
273. Portrait de l'artiste. *Eau-forte.*
274. Surprise. *Eau-forte.*
275. Adieux d'Hector. *Eau-forte.*
276. D'Andrade en Don Juan. *Eau-forte.*
277. Animaux. *Série d'eaux-fortes.*
278. Achille. *Série de lithographies.*
279. Vie de Benvenuto Cellini. *Illustrations en lithographie.*
280. Le « Bas de cuir », de Cooper. *Illustrations en lithographie.*
281. Les Iles Wak-Wak des « Mille et Une nuits ». *Livre illustré de lithographies.*
282. Poèmes d'amour arabes. *Livre illustré de lithographies.*
283. Les Dix Mille, de Xénophon. *Livre illustré de lithographies.*
284. La Conquête du Mexique, de Cortès. *Livre illustré de lithographies.*
285. Faust (II° partie), de Gœthe. *Livre illustré d'eaux-fortes et de lithographies.*
286. Les deux frères. *Livre illustré de lithographies.*
287. La lumière bleue. *Livre illustré de lithographies.*
288. « L'Oiseau » de Fitcher. *Livre illustré de lithographies.*
289. Le fils du roi qui n'a peur de rien. *Livre illustré de lithographies.*

## THOMA, Hans. — 1839-1924. Né à Bernau. Vécut à Carlsruhe.

290. Le Voyageur. *Eau-forte.*
291. Chemin champêtre à Bernau. *Eau-forte.*
292. Berger dormant. *Eau-forte.*
293. Paysage du Taunus. *Eau-forte.*
294. Ruisseau dans une prairie. *Eau-forte.*
295. Enfants jouant. *Eau-forte.*

**TROENDLE, Hugo. — Munich. Né en 1882, à Bruchsal.**

296. Enfants se baignant. *Lithographie.*
297. Baigneurs. *Lithographie.*
298. Char à bœufs. *Lithographie.*

**UNOLD, Max. — Munich. Né en 1885, à Memmingen.**

299. Sur les bords de la Baltique. *Lithographie.*
300. Dans le parc public. *Lithographie.*
301. Au jardin public. *Lithographie.*
302. Le Ghetto. *Série de lithographies.*
303. La Légende de Saint-Julien l'Hospitalier, de Flaubert. *Livre illustré de gravures sur bois.*

# TABLE DES PLANCHES


I. — 11. M. BECKMANN. Le Pont. Eau-forte.

II. — 32. L. CORINTH. Walchensee. Eau forte.

III. — 44. O. DIX. Portrait de femme. Eau-forte.

IV. — 68. G. GROSS. Orchestre de tziganes. Lithographie.

V. — 76. R. GROSSMANN. Benedetto Croce. Lithographie.

VI. — 84. E. HECKEL. Deux jeunes garçons. Lithographie.

VII. — 88. W. HEISE. Dahlias doubles. Lithographie.

VIII. — 95. K. HOFER. Jeune fille dans son lit. Lithographie.

IX. — 112. A. KANOLDT. Hiver. Lithographie.

X. — 117. E. L. KIRCHNER. L'Atelier du peintre. Eau-forte.

XI. — 129. P. KLEE. 1921 à 1930. Lithographie.

XII. — 131. P. KLEINSCHMIDT. Écuyère de cirque. Eau-forte.

XIII. — 142. O. KOKOSCHKA. Cantate de Bach. Lithographie.

XIV. — 146. K. KOLLWITZ. Émeute. Eau-forte.

XV. — 152. B. KRETZSCHMAR. Gare de Strehlen. Eau-forte.

XVI. — 166. W. LEHMBRUCK. Femme agenouillée. Eau-forte.

XVII. — 167. M. LIEBERMANN. Portrait de l'artiste. Eau-forte.

XVIII. — 184. H. MEID. Illustration de l'opéra de
Mozart « Don Giovanni ». Eau-forte.

XIX. — 194. O. MULLER. Trois têtes de jeunes filles.
Lithographie.

XX. — 202. E. NOLDE. Jörn. Eau-forte.

XXI. — 210. E. ORLIK. 762 fenêtres (New-Nork).
Eau-forte.

XXII. — 227. M. PECHSTEIN. Jeune femme. Lithographie.

XXIII. — 231. H. PURRMANN. La Toilette. Eau-forte.

XXIV. — 238. E. SCHARFF. Embrassement. Eau-forte.

XXV. — 243. A. SCHINNERER. Sorcières. Eau-forte.

XXVI. — 249. K. SCHMIDT-ROTTLEF. Tête de femme.
Eau-forte.

XXVII. — 257. G. SCHRIMPF. Staffelsee. Lithographie.

XXVIII. — 263. R. SEEWALD. Baigneurs. Eau-forte.

XXIX. — 268. R. SINTENIS. Cheval couché. Eau-forte.

XXX. — 280. M. SLEVOGT. Illustration du « Bas-de-
Cuir », de F. COOPER. Lithographie.

XXXI. — 294. H. THOMA. Ruisseau dans une prairie.
Eau-forte.

XXXII. — 301. M. UNOLD. Au jardin public. Lithographie.

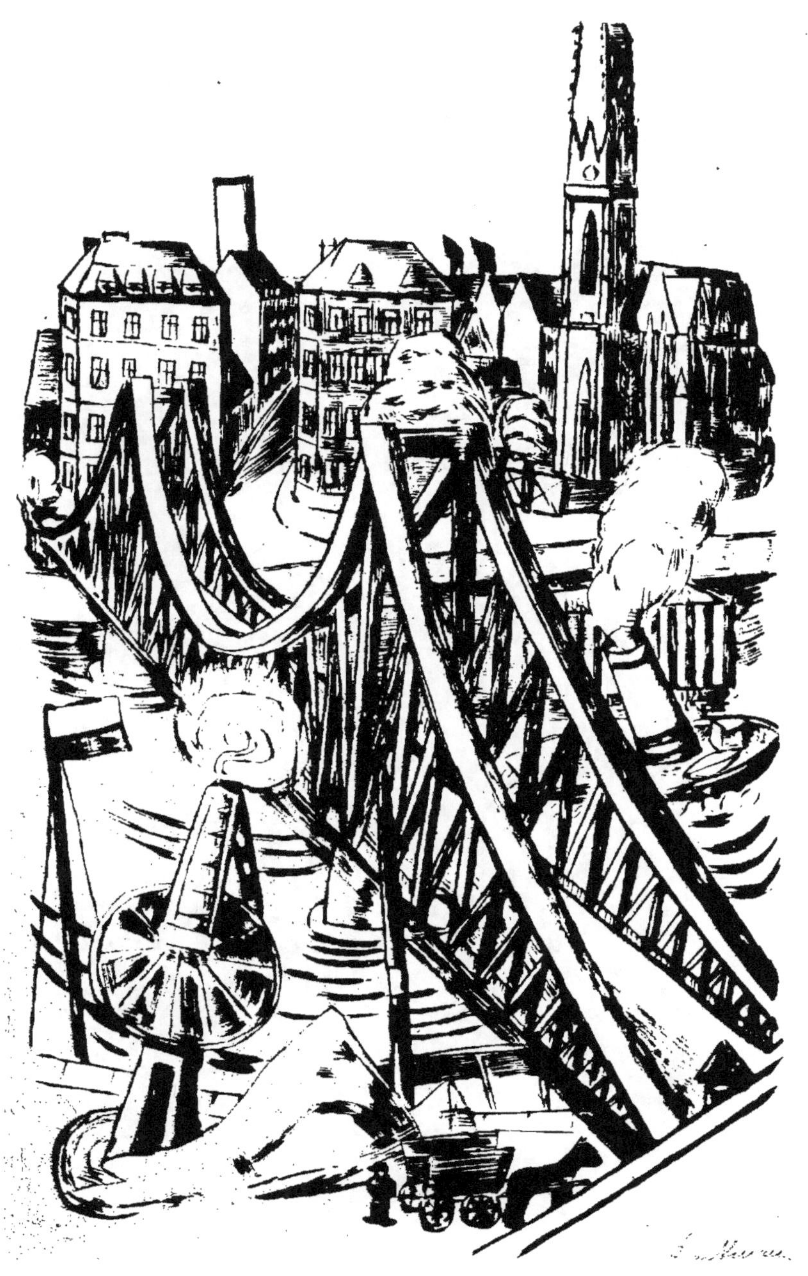

11. — M. BECKMANN. — Le pont.
Eau-forte.

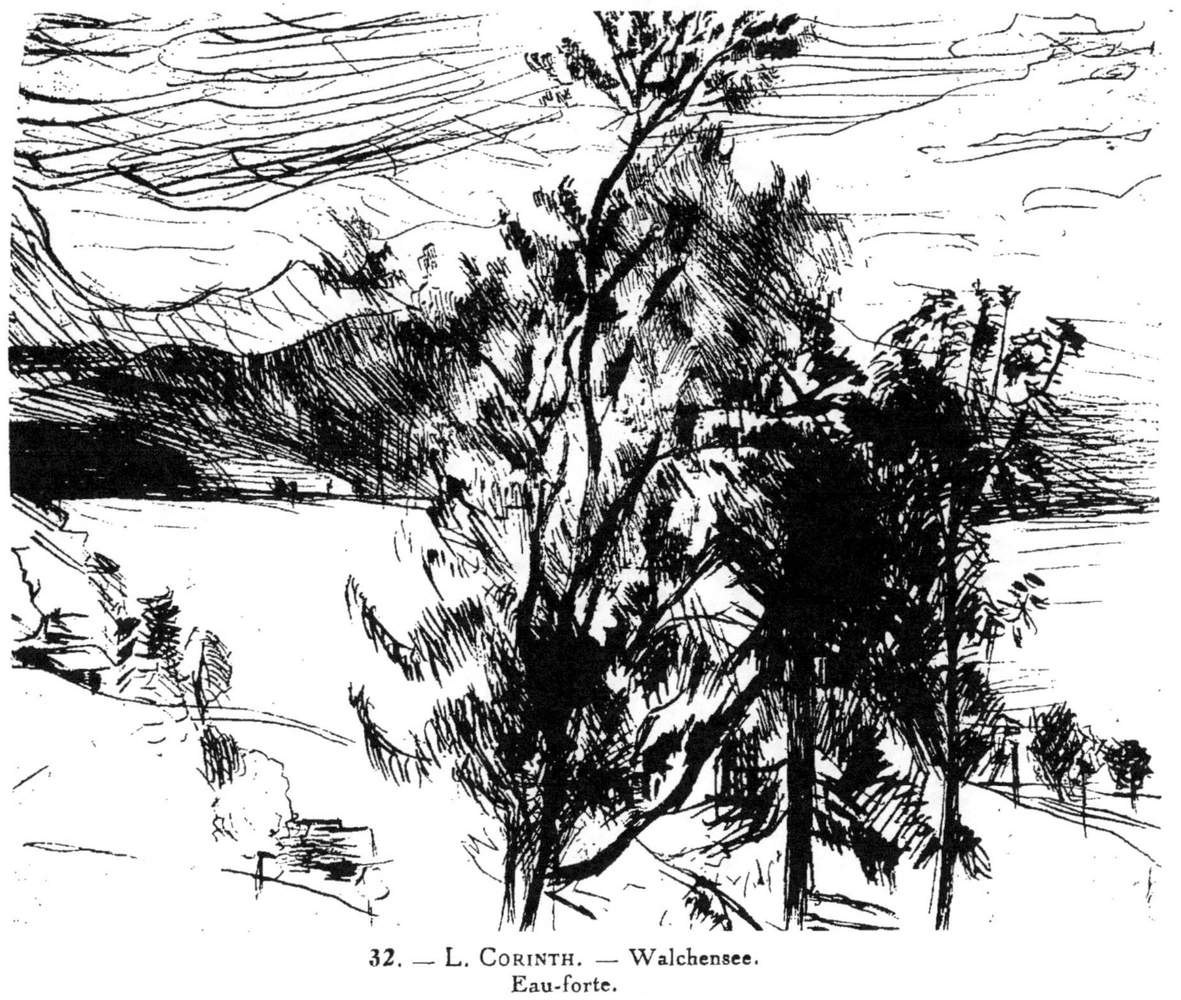

32. — L. CORINTH. — Walchensee.
Eau-forte.

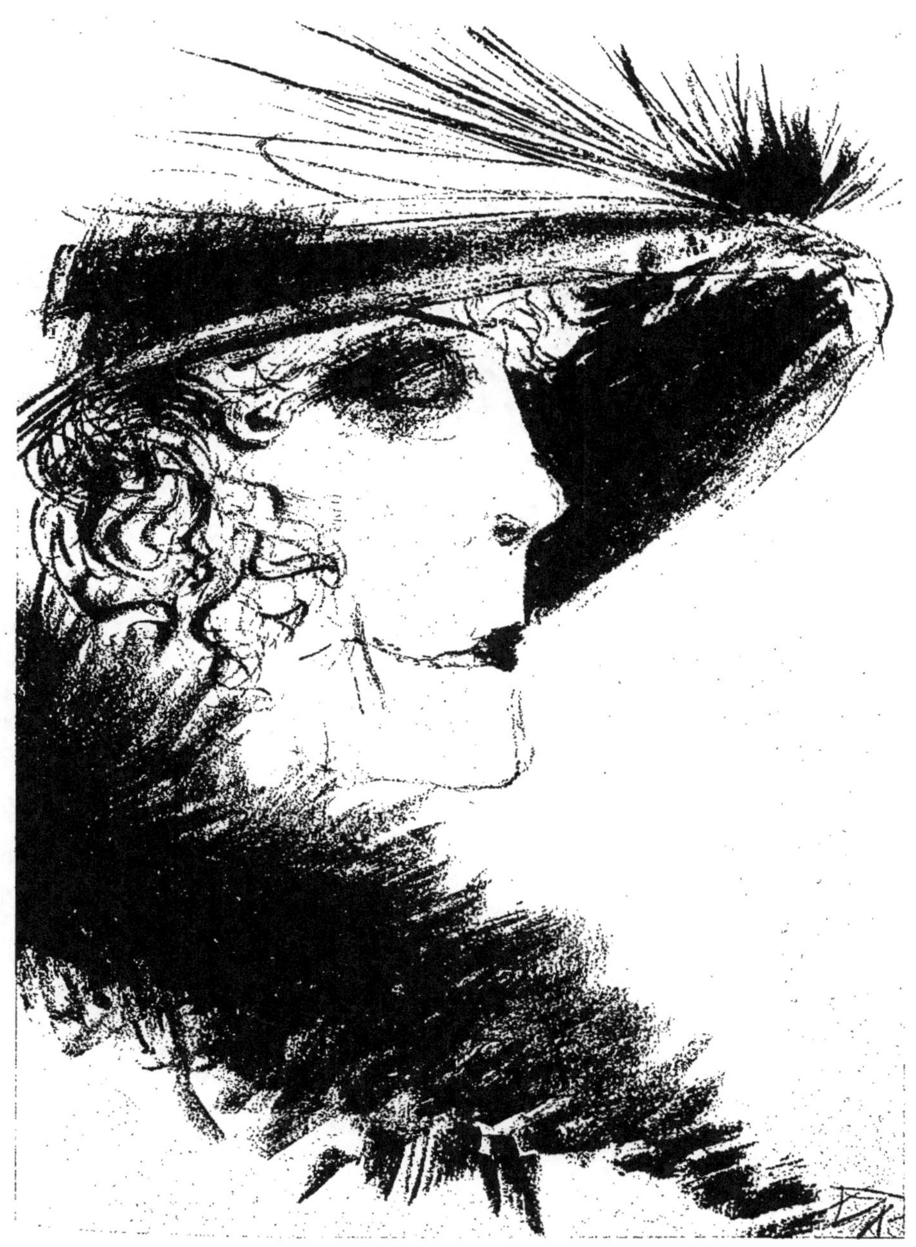

**44.** — Dɪx-Otto. — Portrait de femme.
Eau-forte.

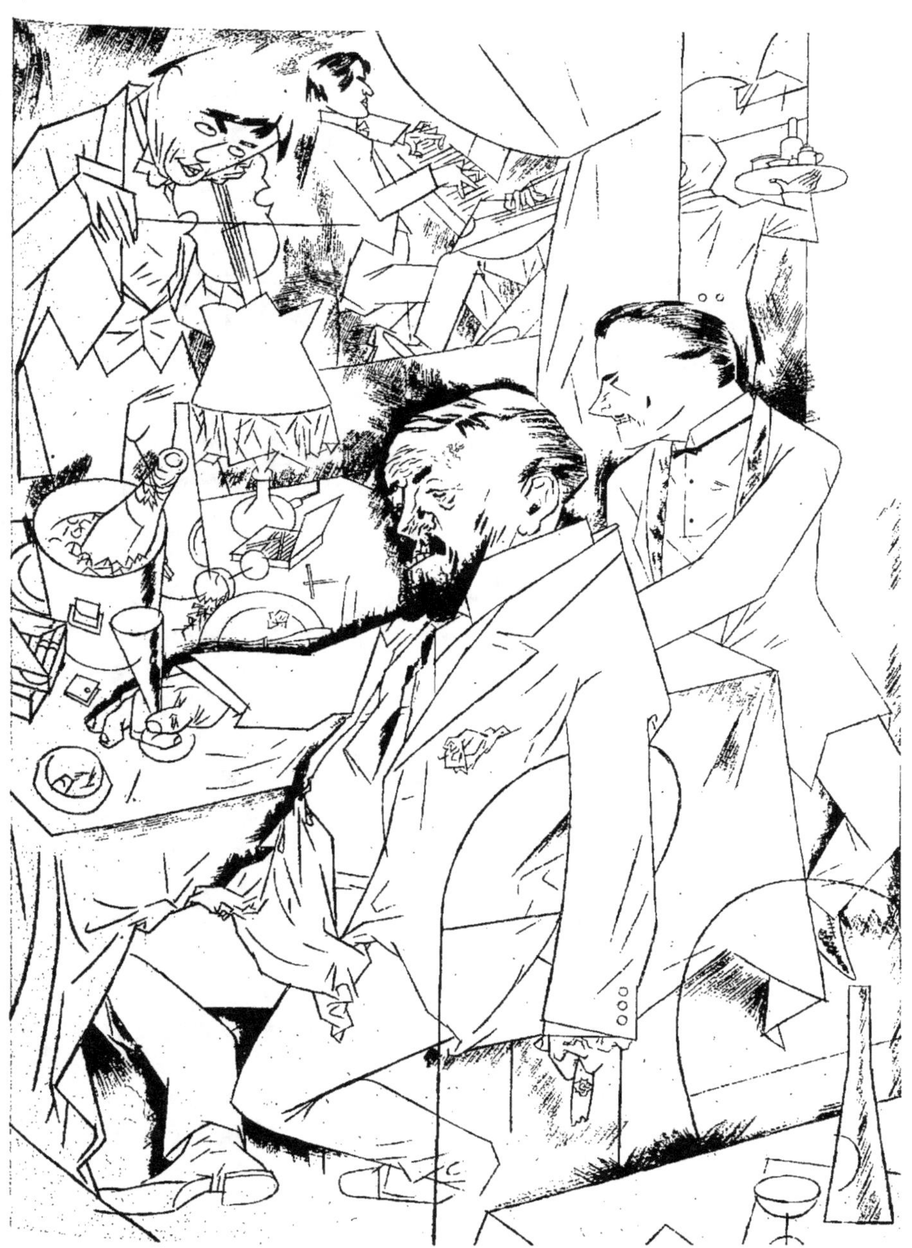

**68.** — G. Gross. — Orchestre de Tziganes.
Lithographie.

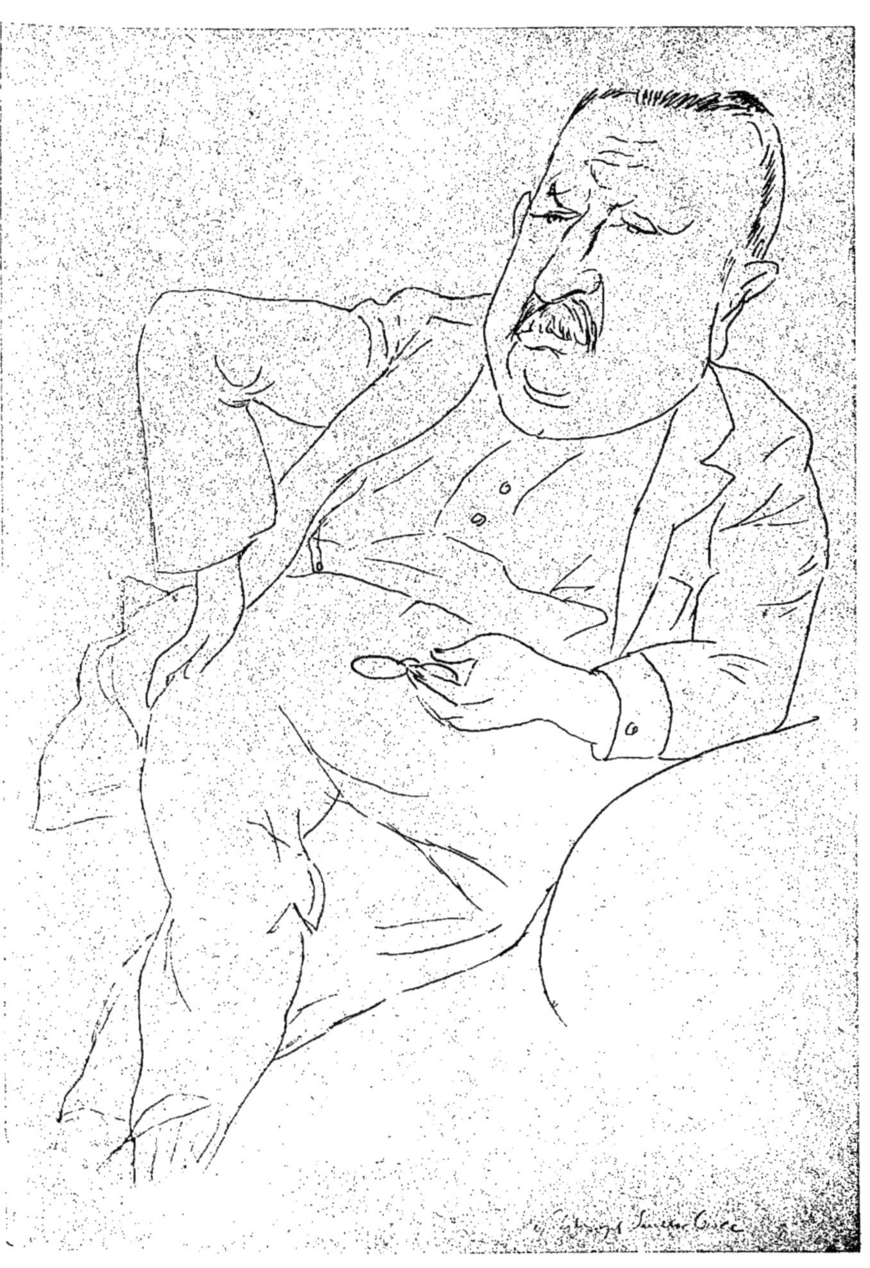

76. — R. GROSSMANN. — Benedetto Croce.
Lithographie.

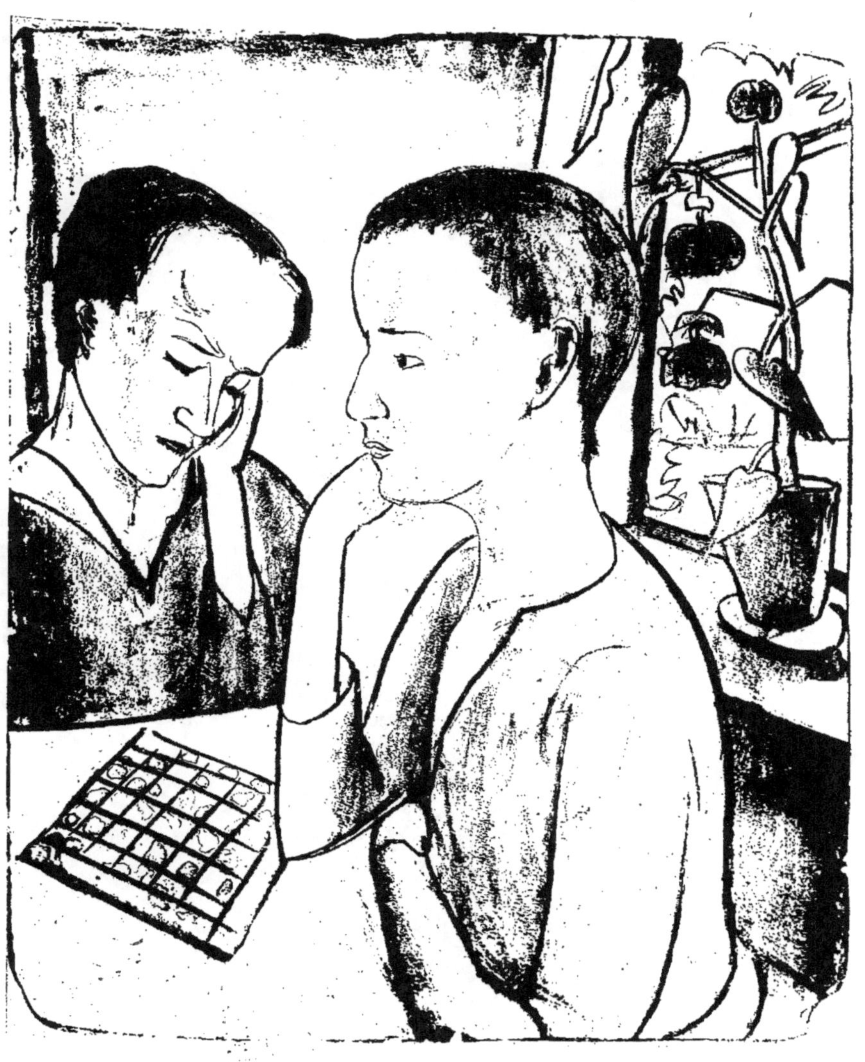

84. — E. HECKEL. — Deux jeunes garçons.
Lithographie.

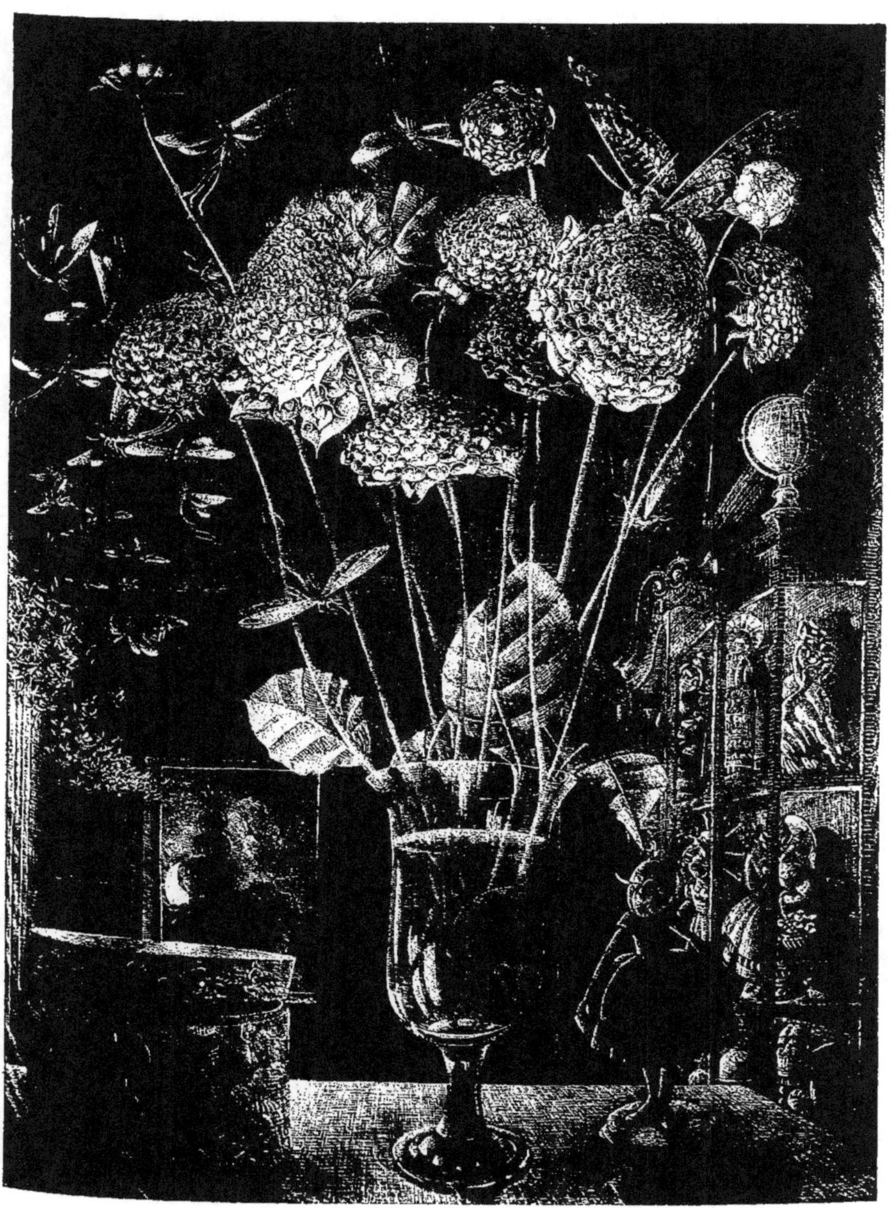

88. — W. Heise. — Dahlias doubles.
Lithographie.

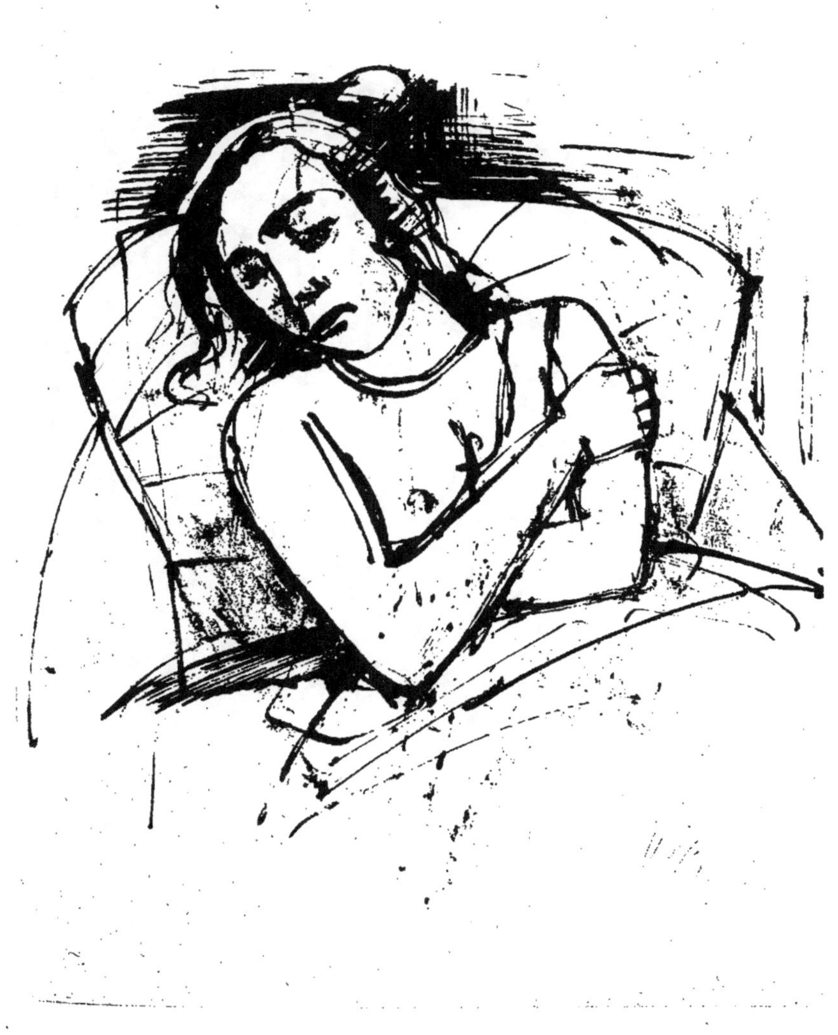

**95.** — K. HOFER. — Jeune fille dans son lit.
Lithographie.

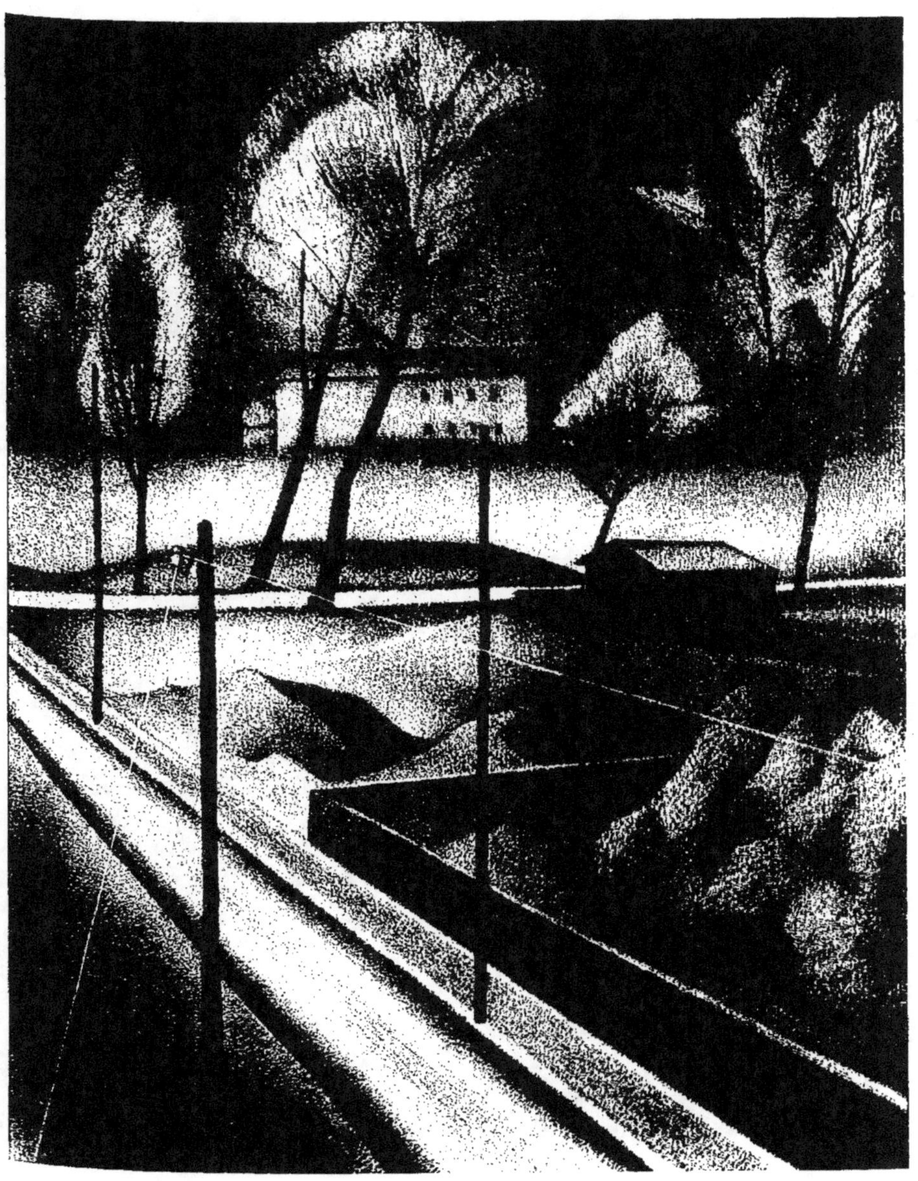

**112.** — A. Kanoldt. — Hiver.
Lithographie.

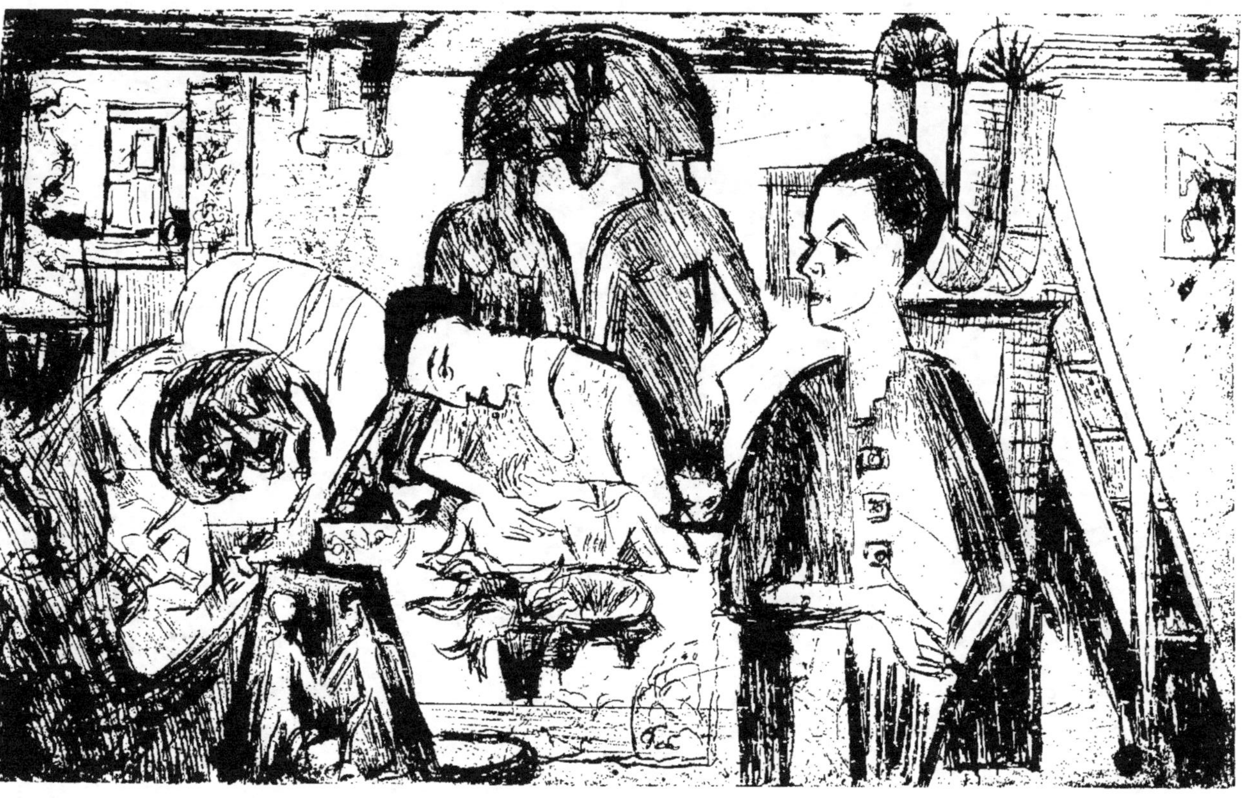

117. — E-L. KIRCHNER. — Atelier de peintre.

Eau-forte.

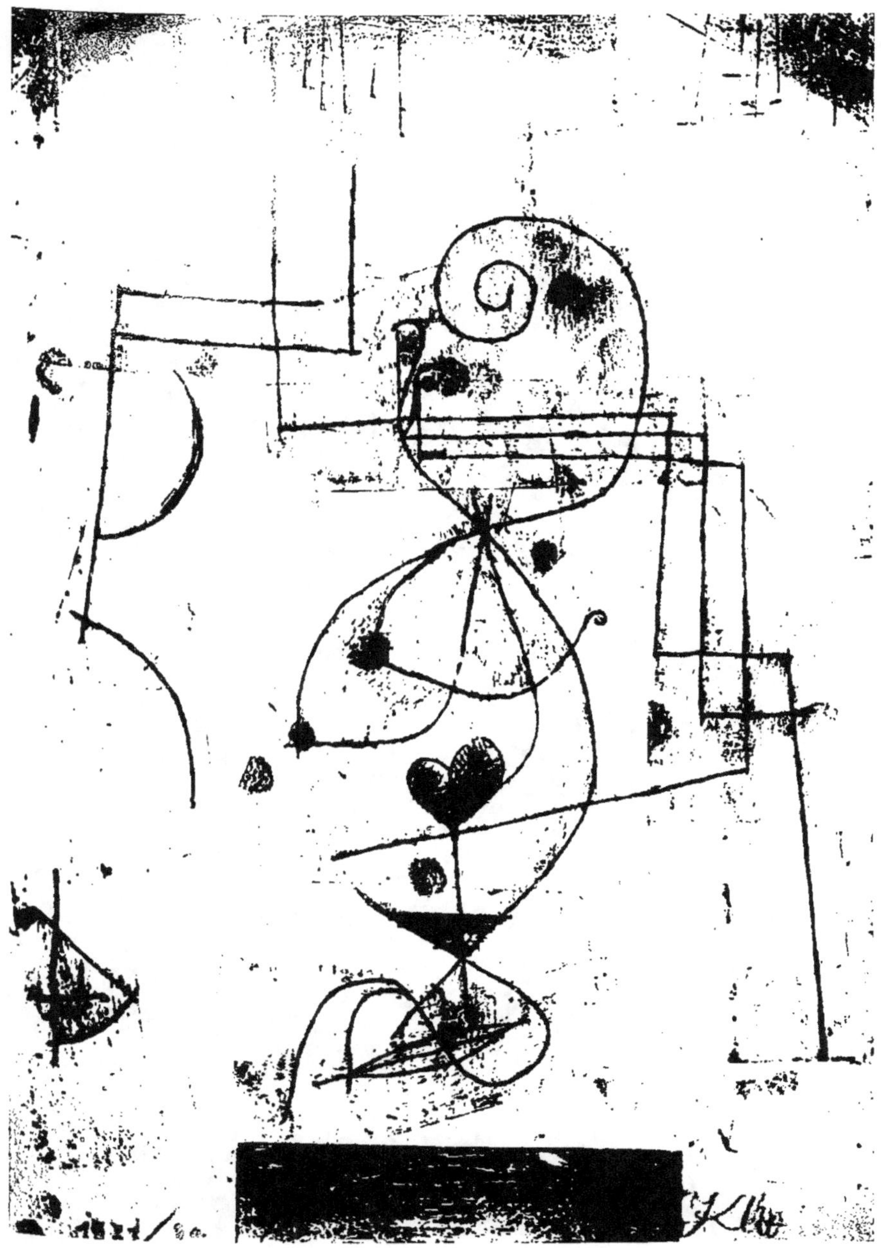

129. — P. KLEE. — 1921 à 1930.
Lithographie.

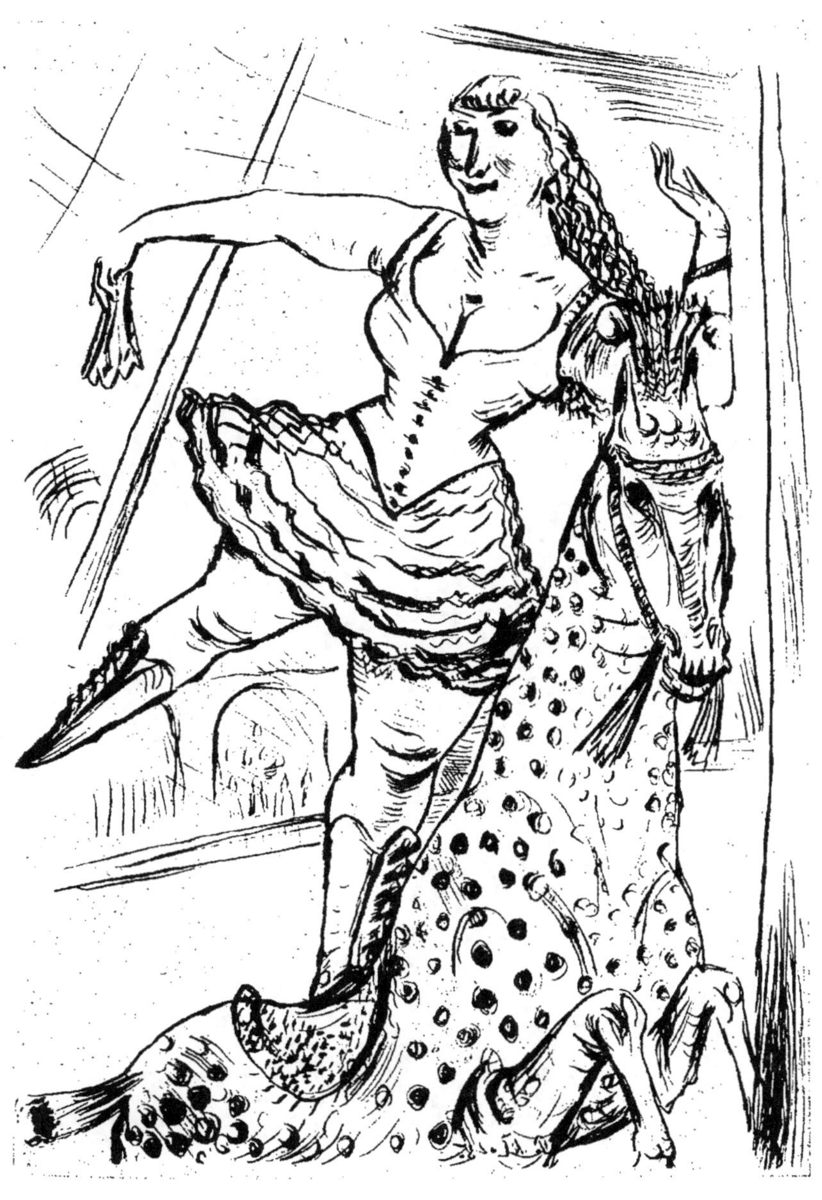

131. — P. KLEINSCHMIDT. — Ecuyère de cirque.
Eau-forte.

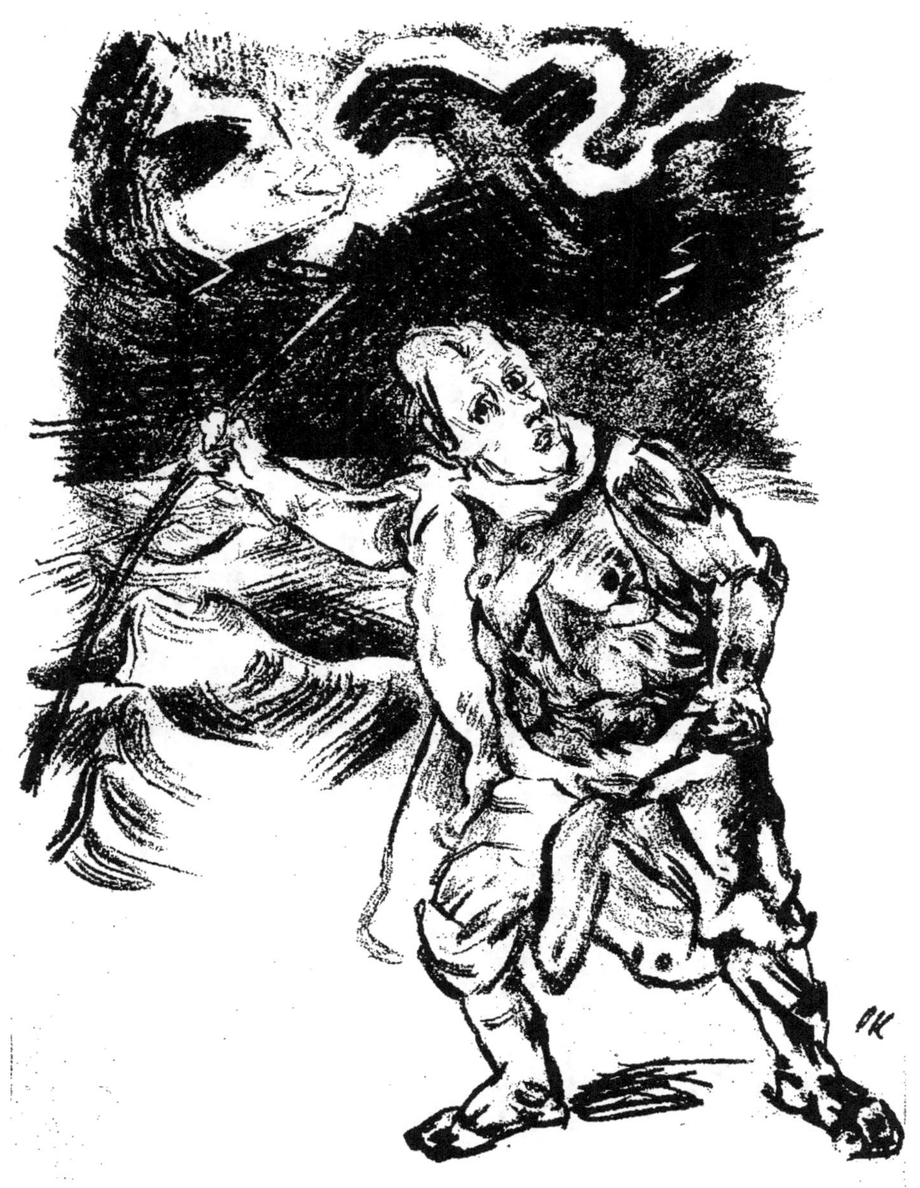



**142.** — O. KOKOSCHKA. — Cantate de Bach.
Lithographie.

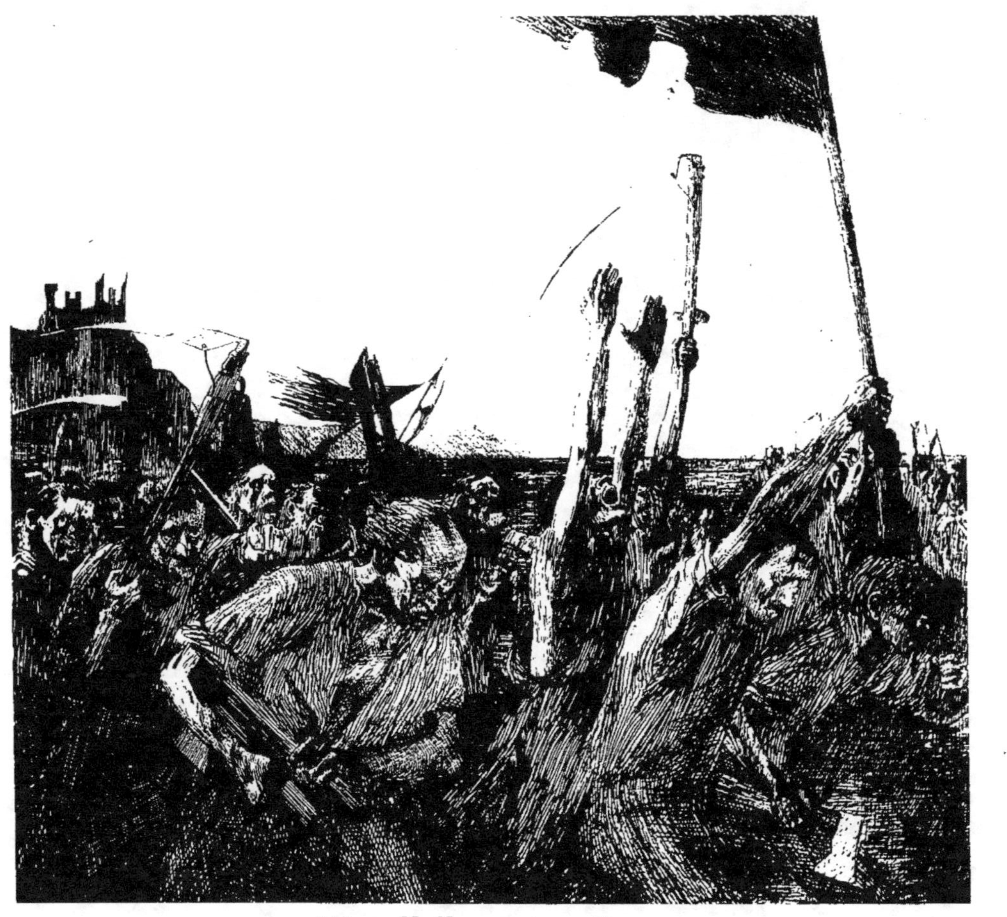

146. — K. Kollwitz. — Emeute.
Eau-forte.

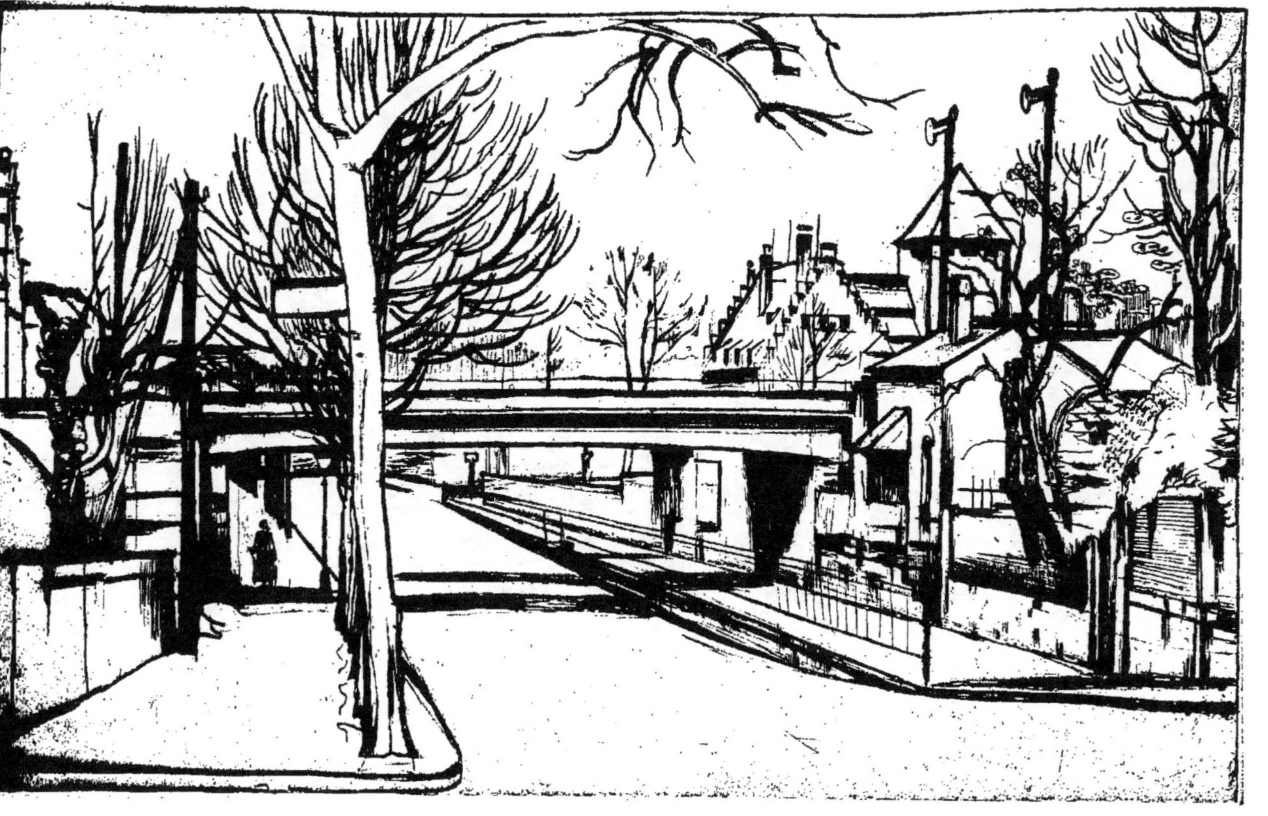

152. — B. KRETZSCHMAR. — La Gare de Strehlen.
Eau-forte.

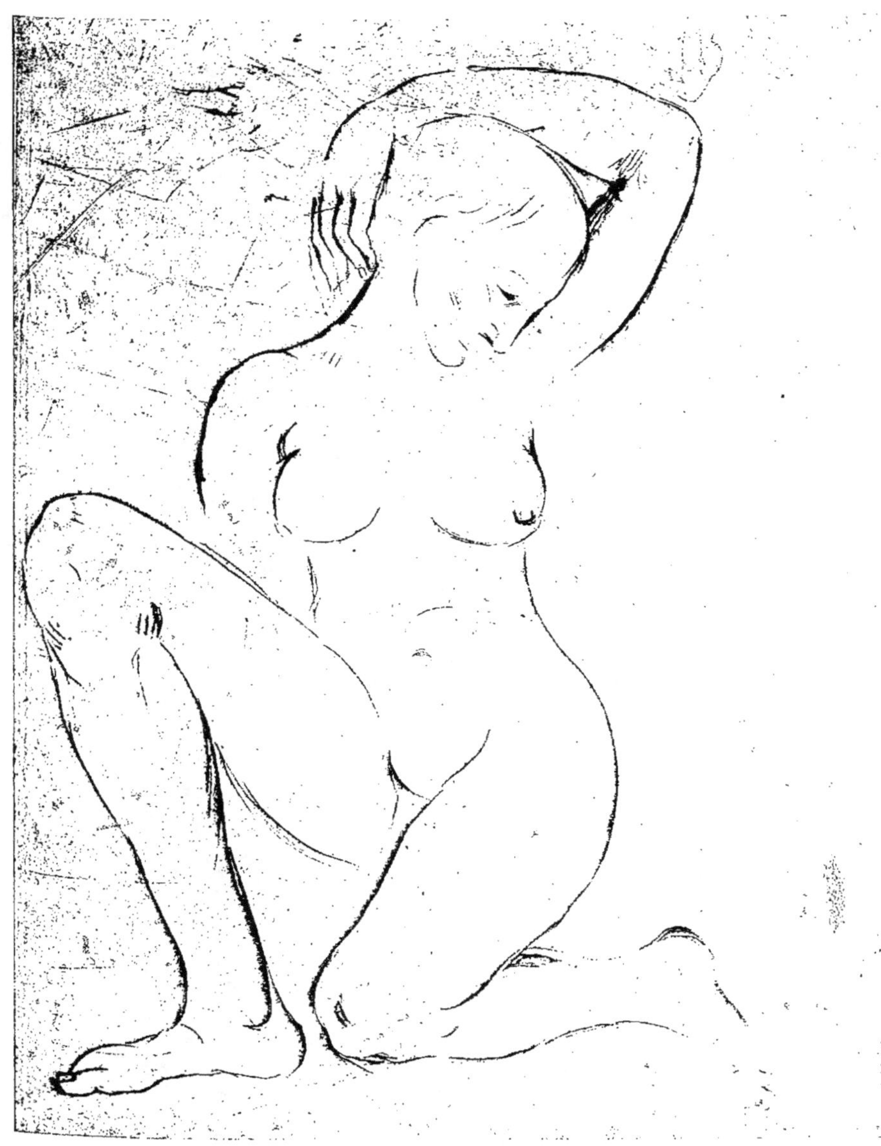

166. — W. LEHMBRUCK. — Femme agenouillée.
Eau-forte.

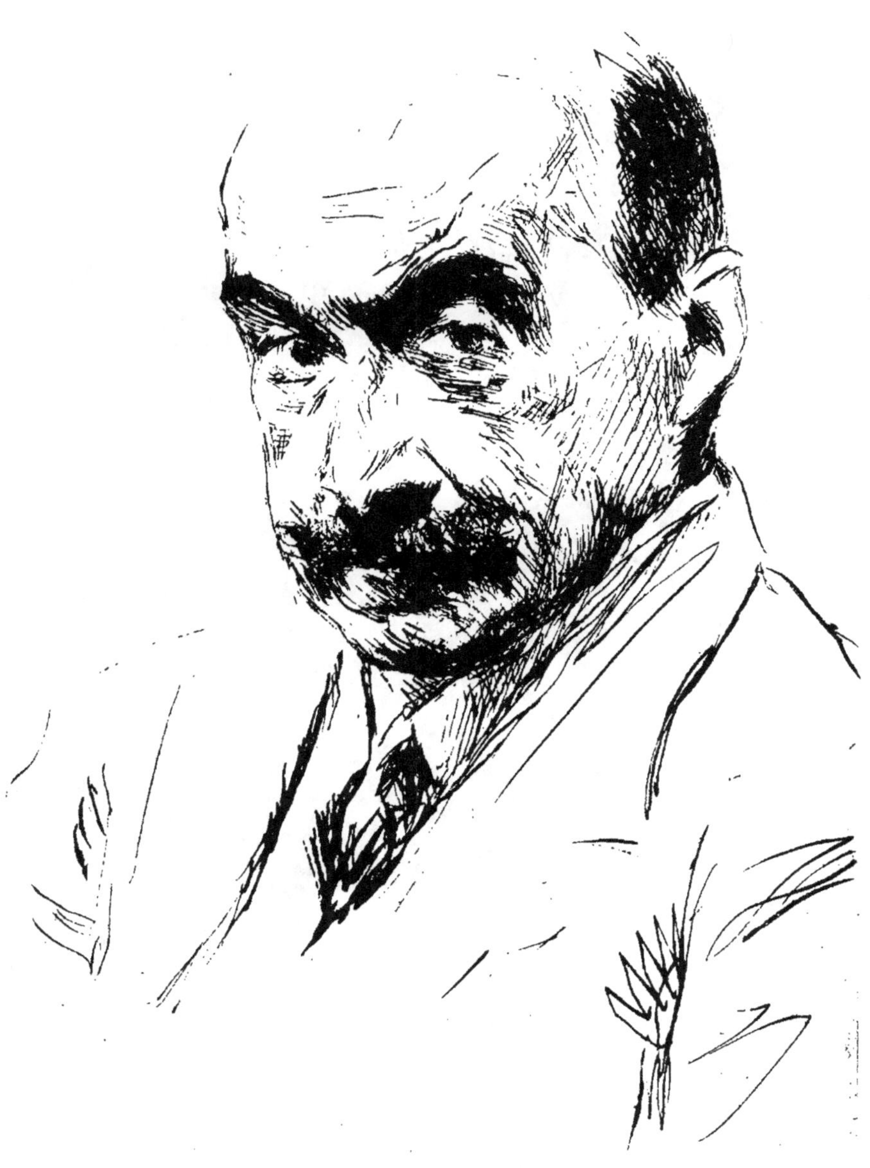

167. — M. LIEBERMAN. — Portrait de l'artiste.
Eau-forte.

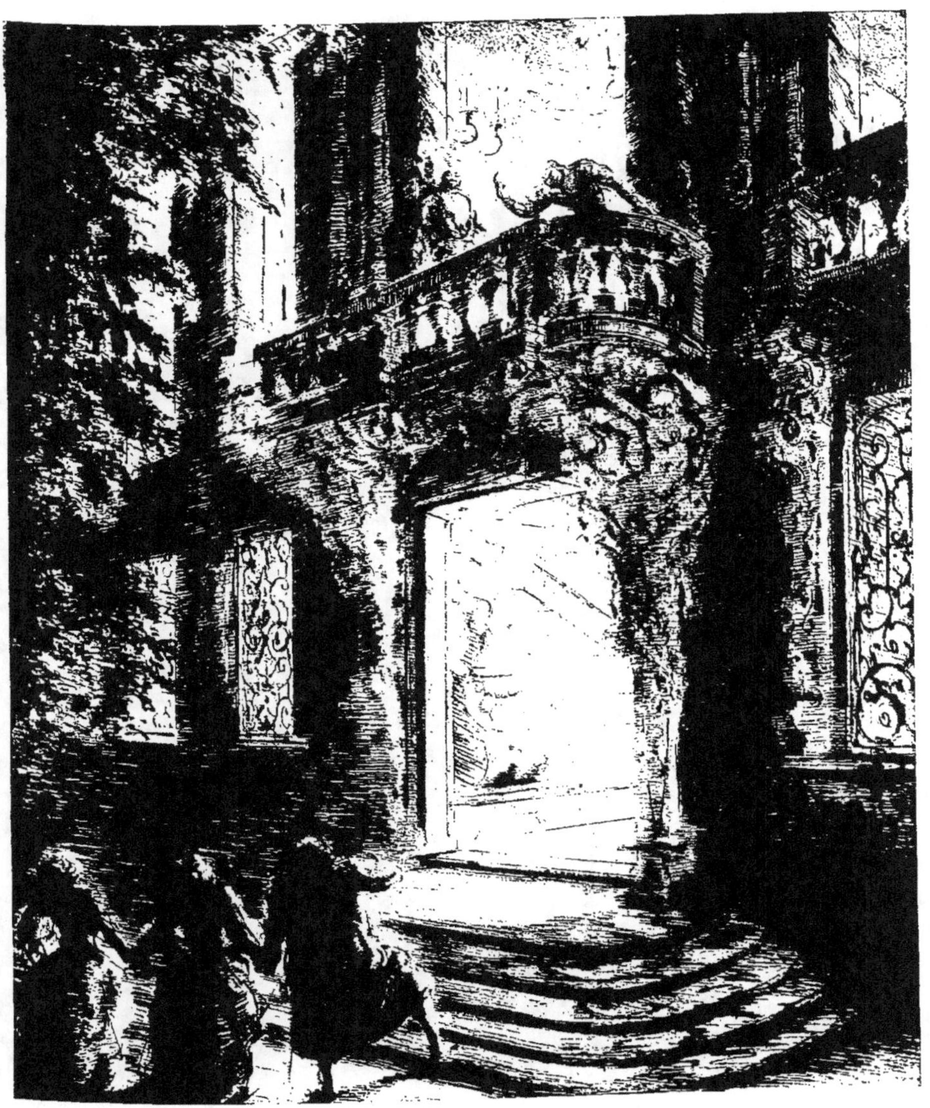



184. — H. MEID. — Illustration de l'opéra de Mozart.
« Don Giovanni ».
Eau-forte.

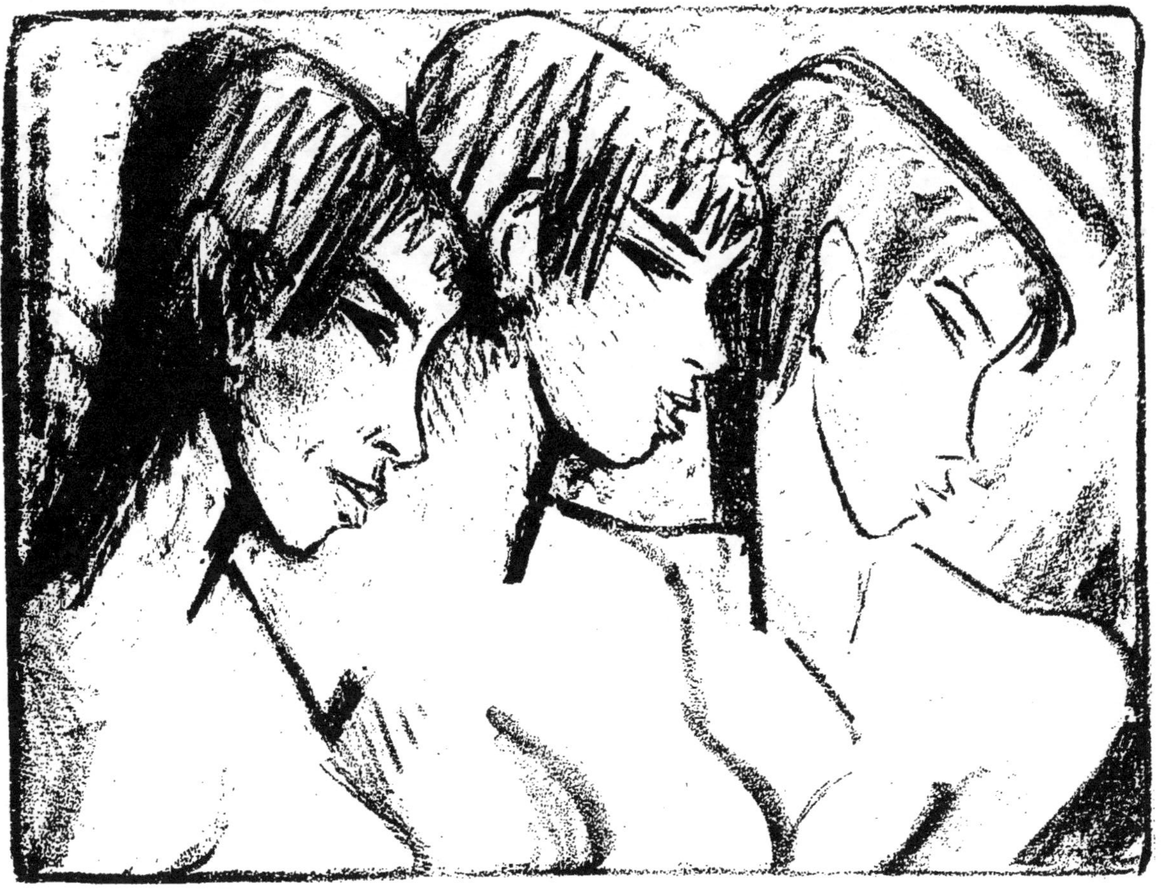

194. — O. MÜLLER. — Trois têtes de jeunes filles.
Lithographie.

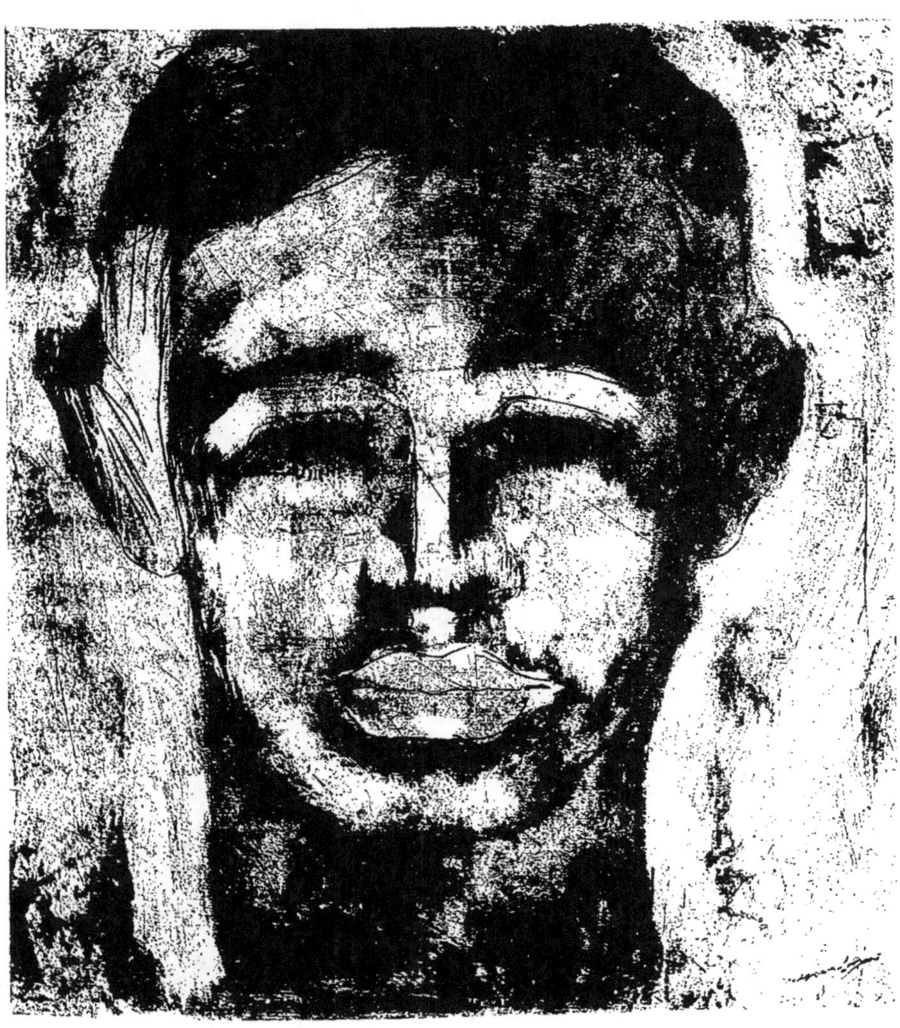

**202.** — E. Nolde. — Jörn.
Eau-forte.

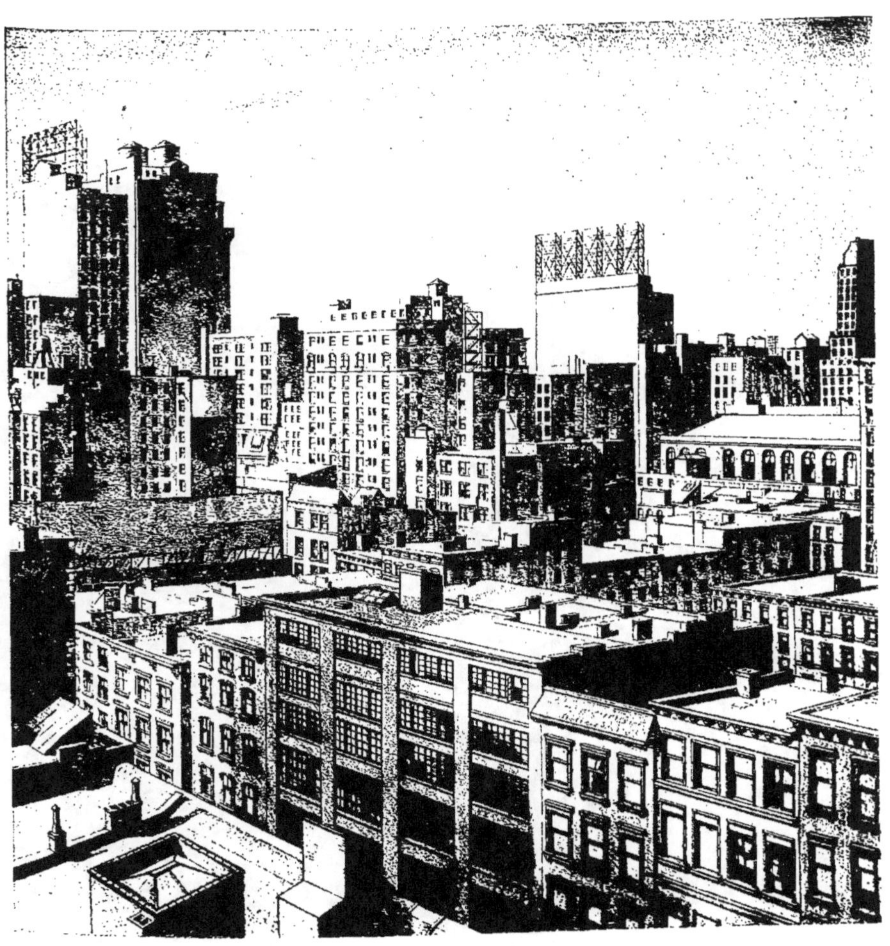

210. — E. ORLIK. — 762 fenêtres. (New-York).
Eau-forte.

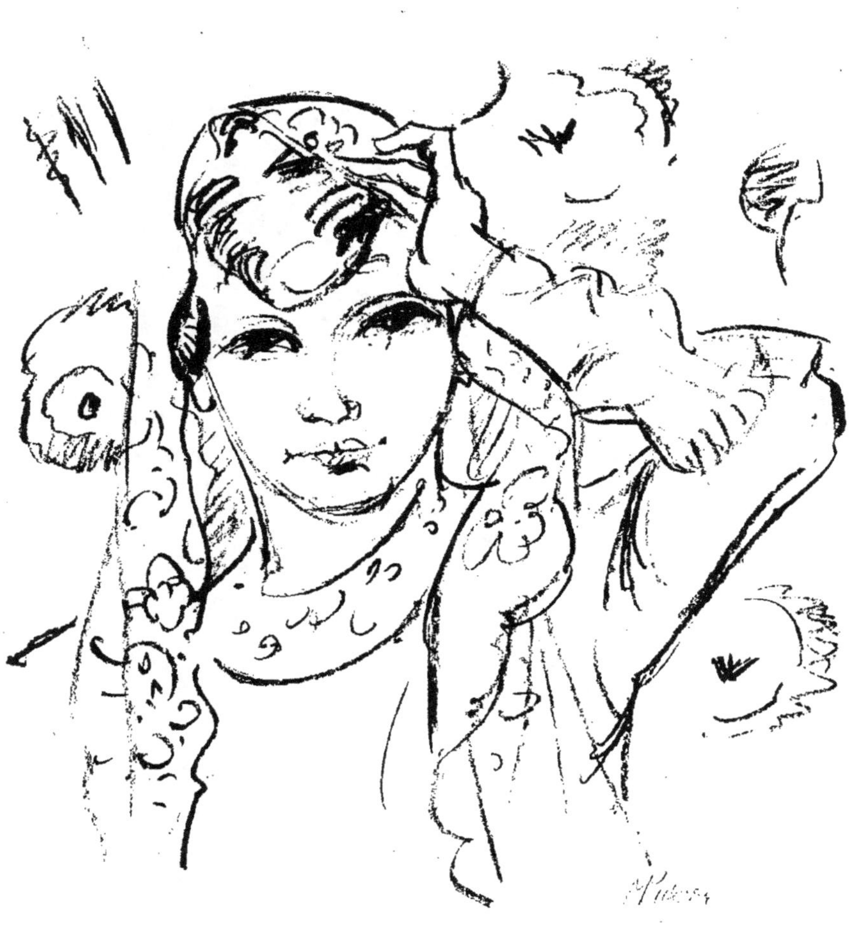

227. — M. PECHSTEIN. — Jeune femme.
Lithographie.

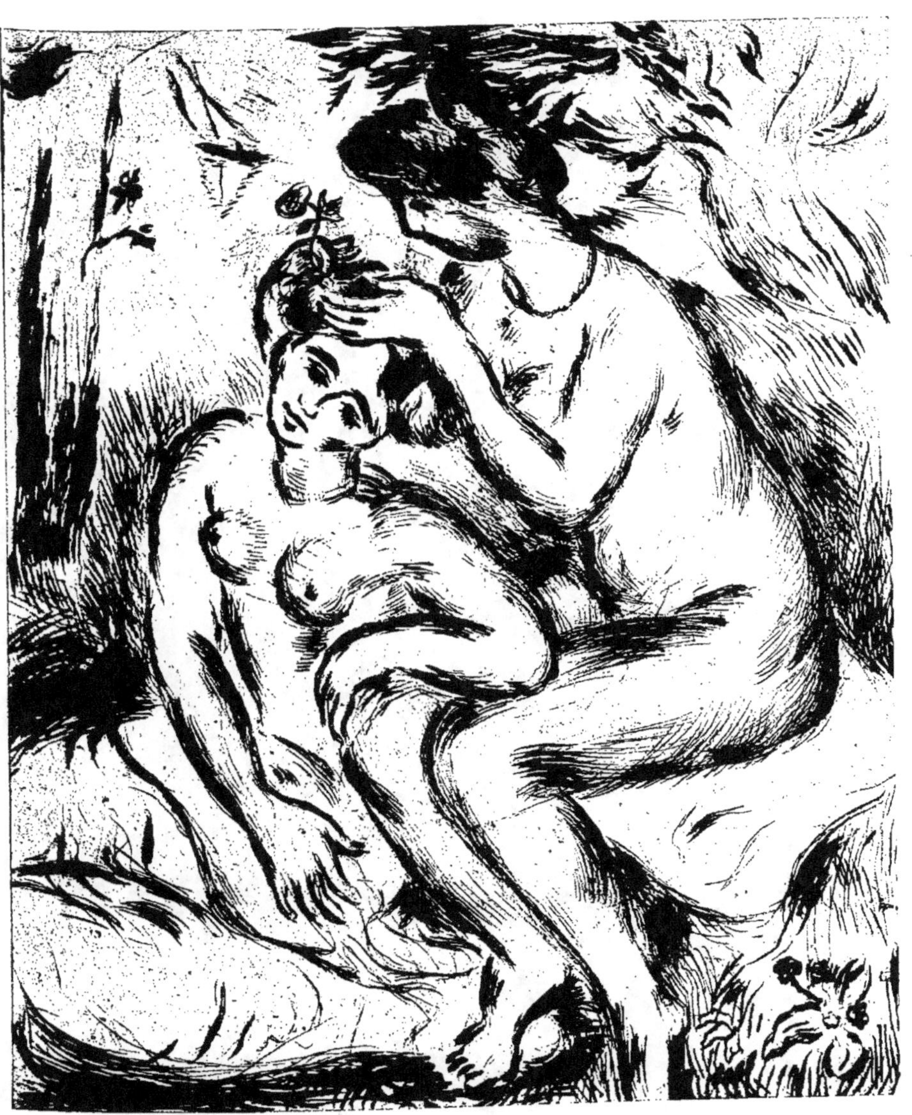

**231.** — H. PURRMANN. — La Toilette.
Eau-forte.

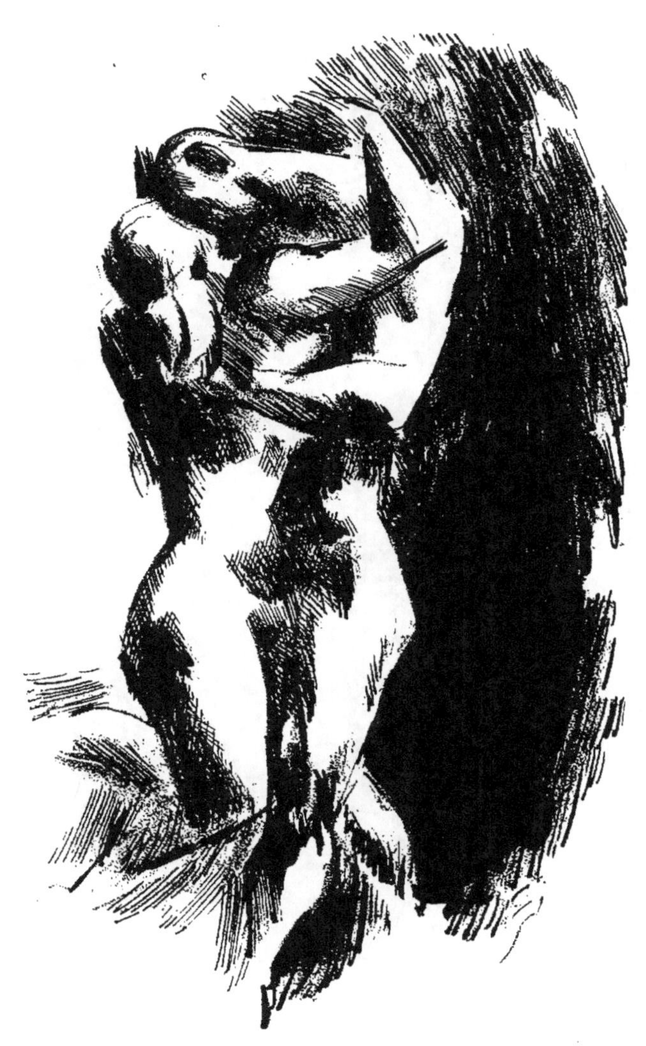

**238.** — E. Scharff. — Embrassement.
Eau-forte.

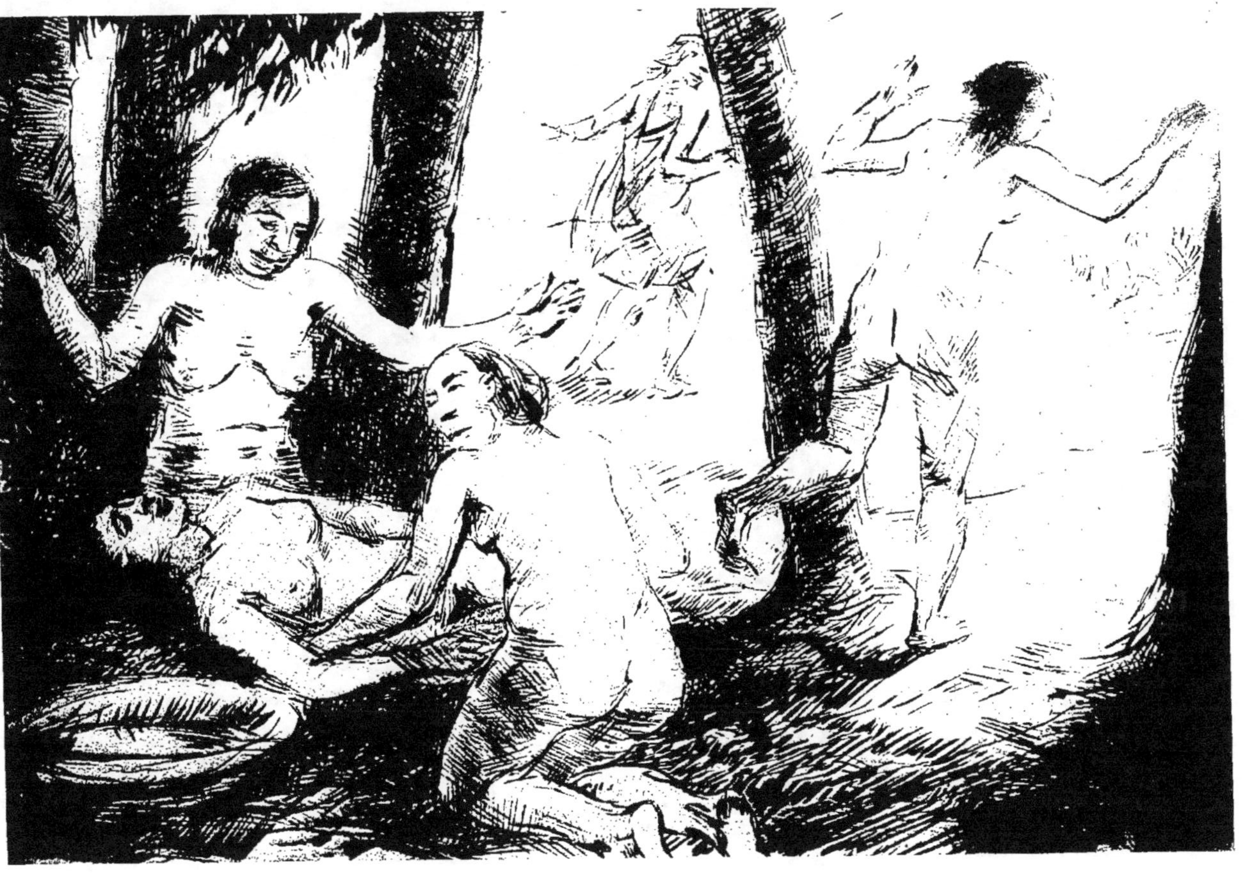

243. — A. SCHINNERER. — Sorcières.
Eau-forte.

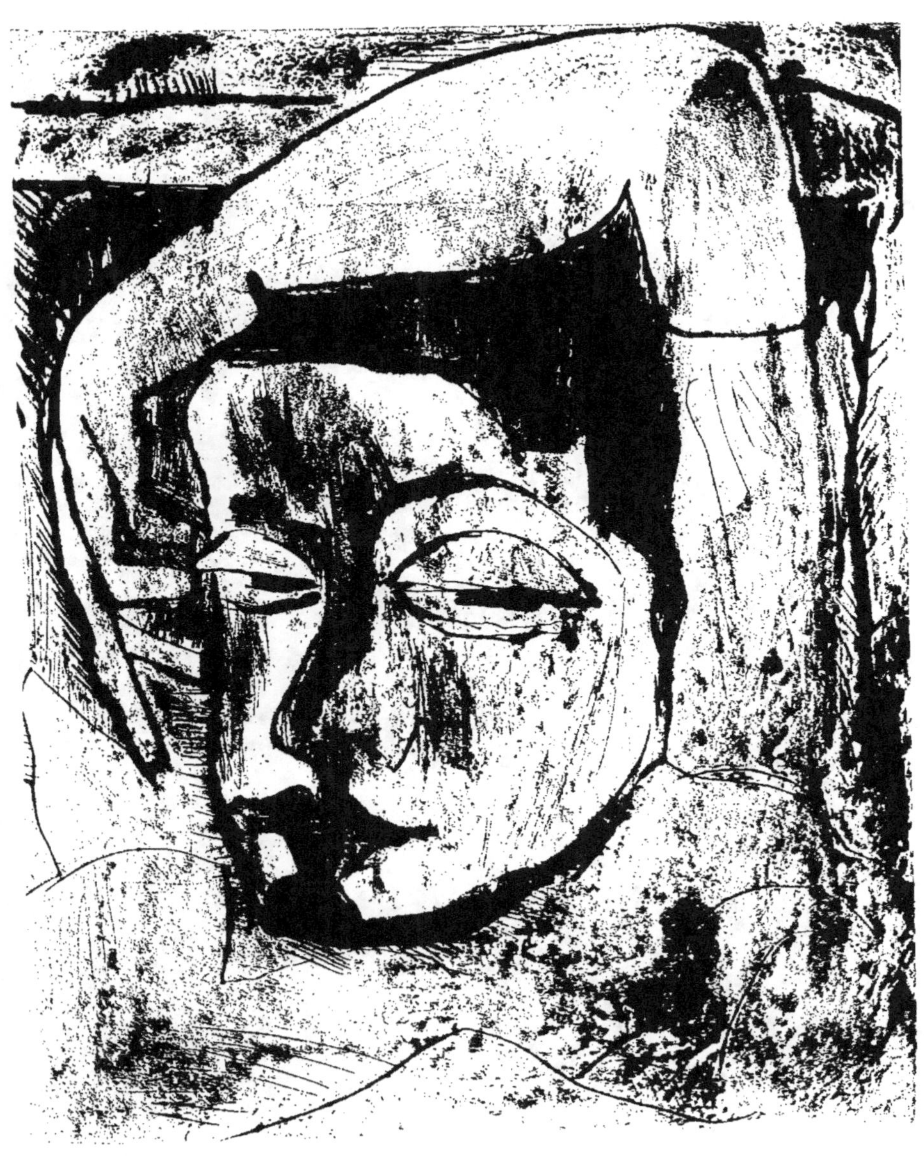

**249.** — K. Schmidt-Rottluf. — Tête de femme.
Eau-forte.

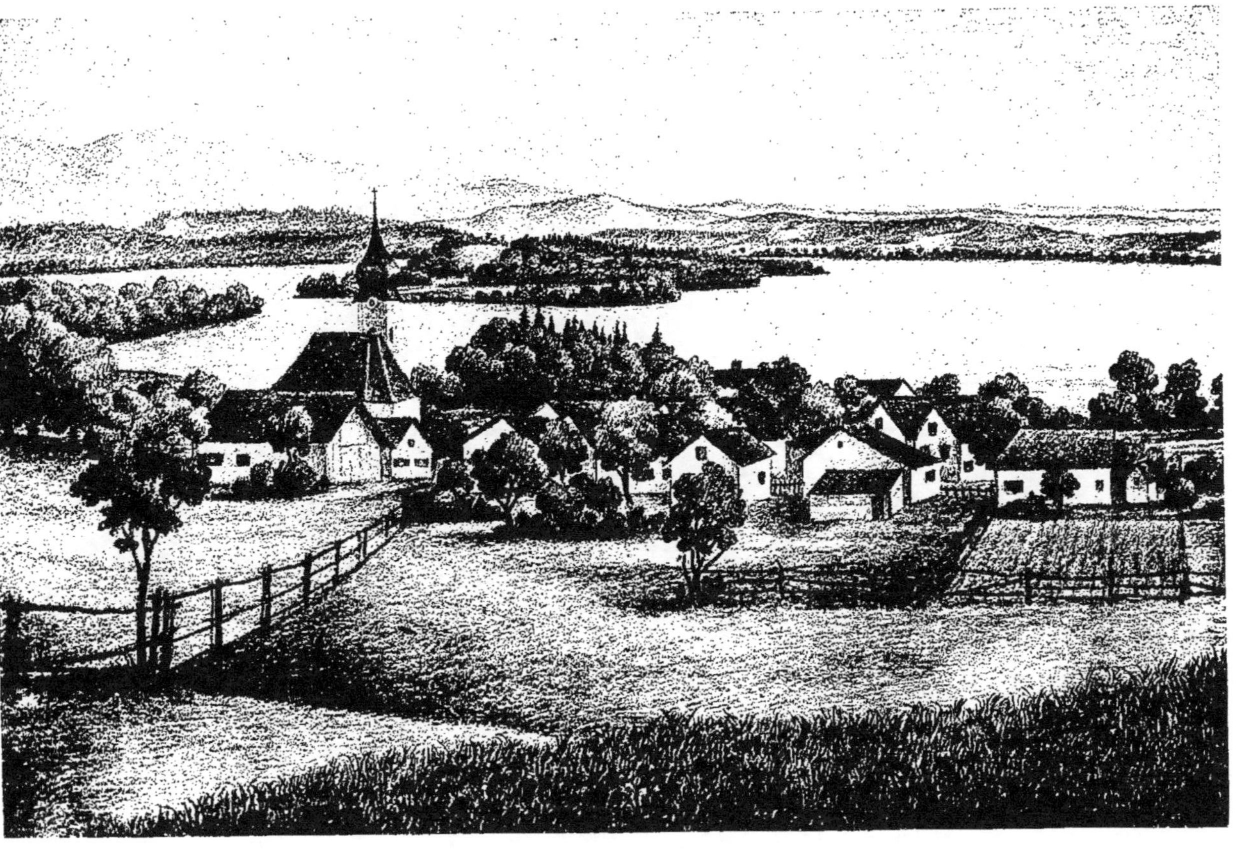

257. — G. SCHRIMPF. — Staffelsee.
Lithographie.

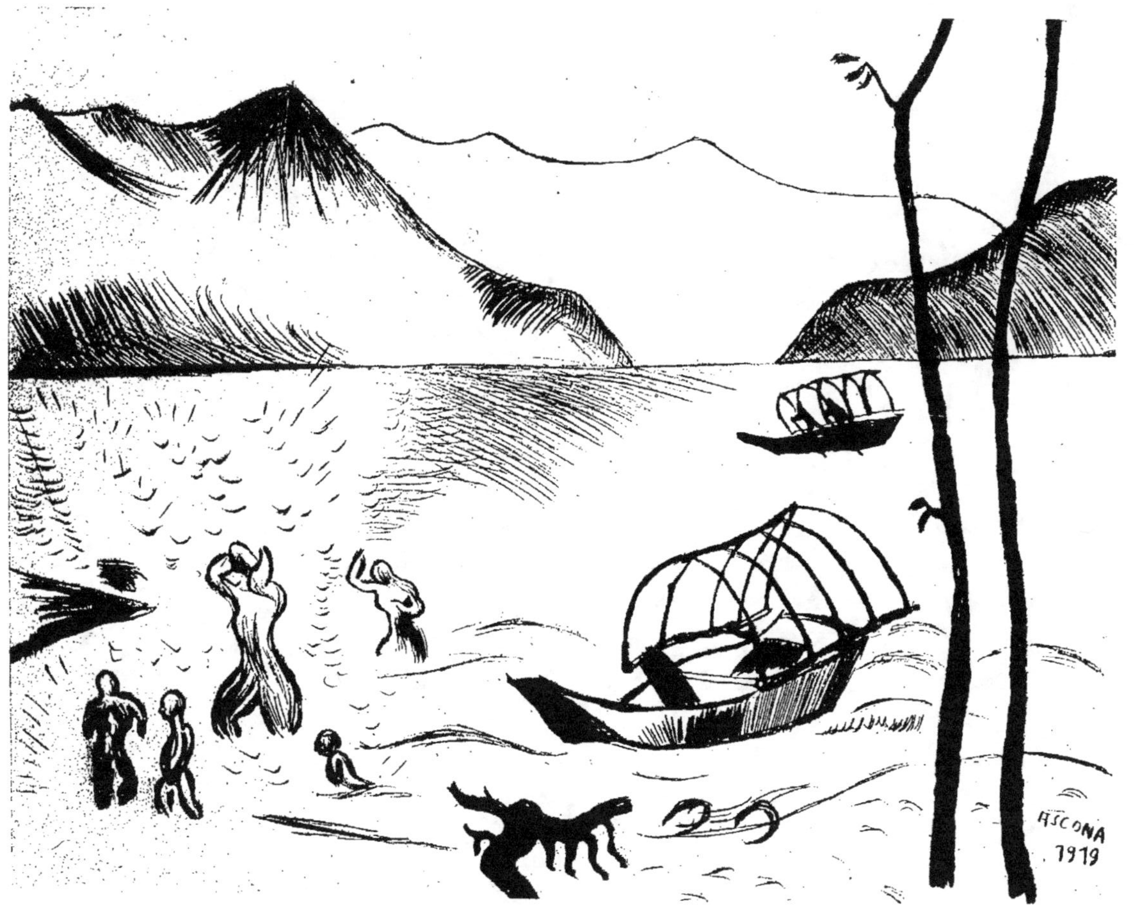

263. — R. SEEWALD. — Baigneurs.
Eau-forte.

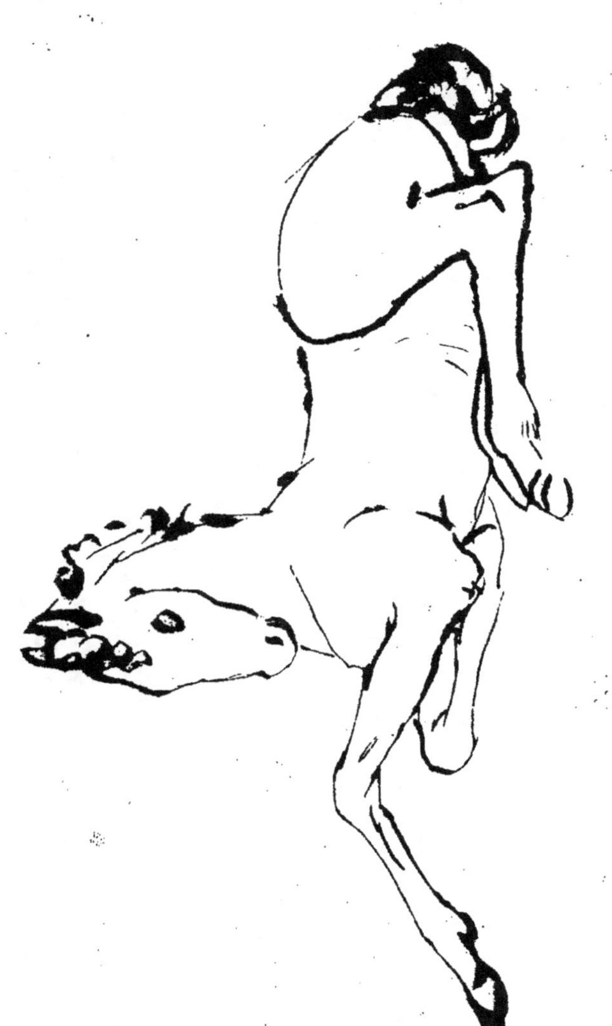

268. — R. Sintenis. — Cheval couché.
Eau-forte.

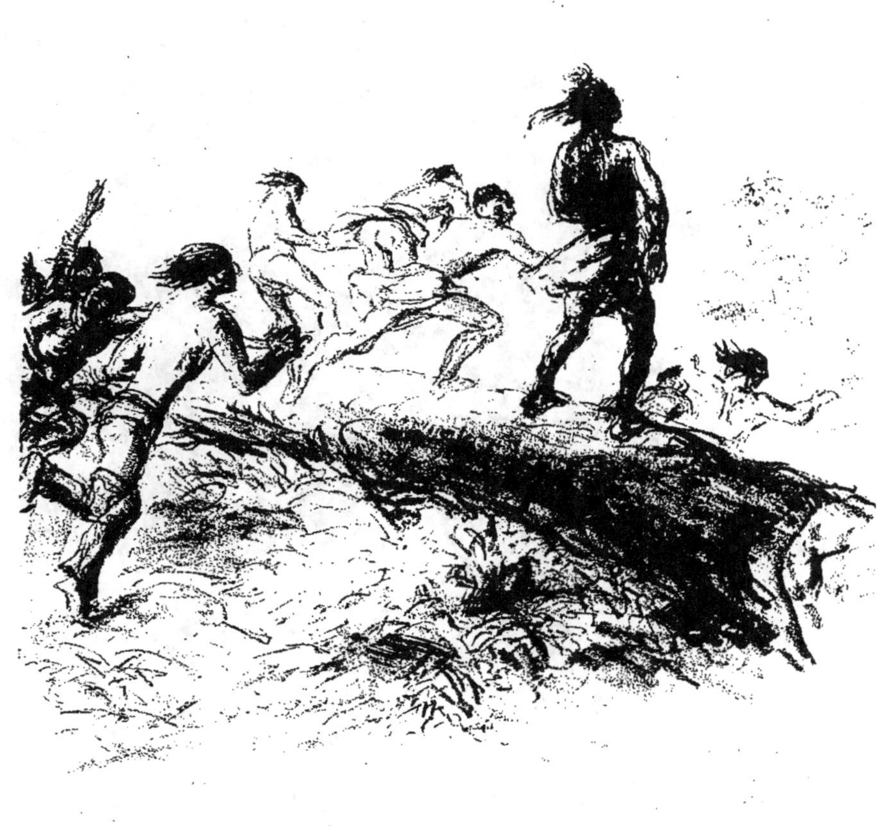

280. — M. SLEVOGT. — Illustration de " Bas-de-Cuir "
de F. Cooper.
Lithographie

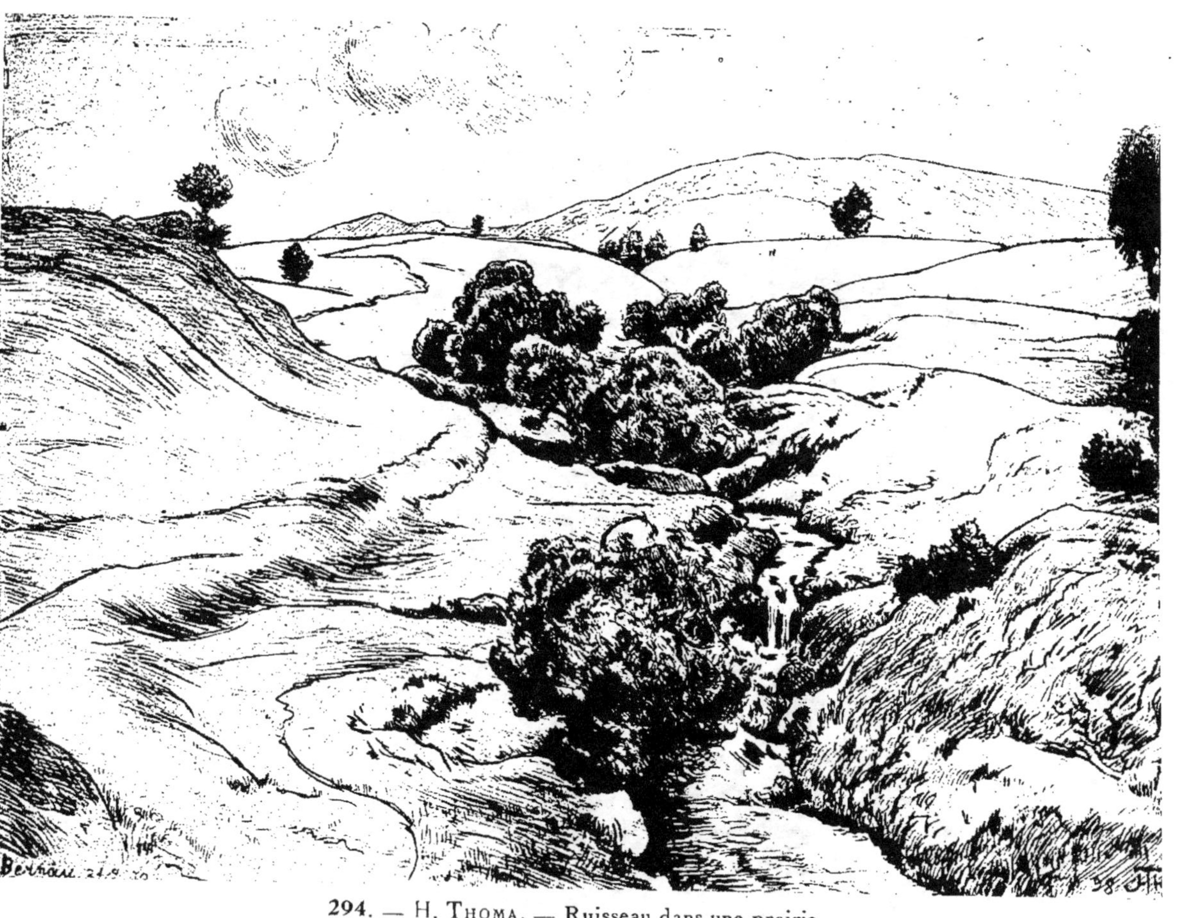

294. — H. THOMA. — Ruisseau dans une prairie.
Eau-forte.

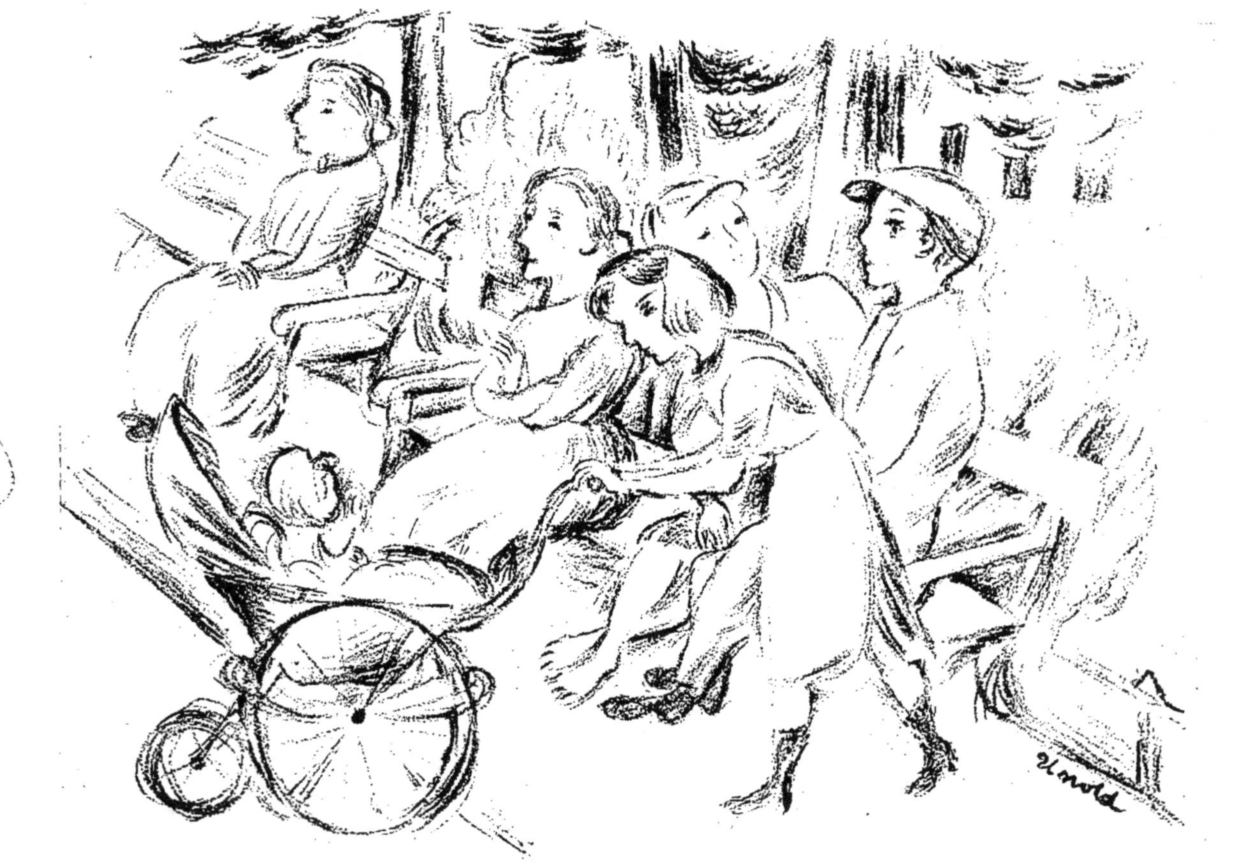

301. — M. UNOLD. — Au jardin public.
Lithographie.